日本の
革新者
たち

100人の未来創造と地方創生への挑戦

齊藤義明
野村総合研究所

ビー・エヌ・エヌ新社

Needsを
探すの
ではなく、
Wantsを
創造する。

プロローグ——革新者100人との対話

ある分野でひと仕事するために、昔のシンクタンカーならまず10冊くらいの専門書を一気読みし準備をしたものでした。今はそれだけでは底が浅くて、独自の価値が出しにくいと思います。

野村総合研究所の私たちの世代には通称「100人斬り」という伝統的な方法があります。これは、その分野のキーマン100人に会いまくるという、ただそれだけの、気力と覚悟だけの方法です。頭と要領の悪い人間がやる方法です。私はこれまでの職業人生でこれを3回やりました。

１００人斬りは仕様を決めて情報を集めるヒアリング調査とは違います。それだと、ただの作業になってしまいます。発見から仮説を組み立て、何かを創造しようとする仕事は、調査項目ごとにヒアリングしてエクセルの表にまとめるように、効率的、機械的にはうまくいかないものです。新鮮な切り口に出会い、興奮し、やがて混乱に陥り、何をやっているのか結論が見えなくなり、仮説を思いついては壊し、また考え、さらに自己嫌悪に陥り、やがて一筋の明かりが見えかかる。１００人斬りは、そんなことの繰り返しであり、それを一気通貫でやりきるものです。

私にとって１００人斬りの原体験となったのは、２００6年、アイゼンハワー財団の日本代表フェローに選ばれ全米を武者修行させていただいたときでした。世界25ヶ国から1名ずつ各国のフェローが集まり、それぞれのテーマを掲げて3ヶ月間別々の旅をしました（最初と最後の1週間は一堂に会しました）。私はイノベーションやアントレプレナーシップをテーマに、全米のキーマン１００人を訪ねて回りました。会いたい人のリストを出せばアポイントは全部財団が取ってくれますし、旅費も全部財団持ちでした。懐の深いプログラムだと思いました。グーグルプレックス内部やスターバックス創業店に潜入取材したのもこの時でした。３Ｍのイノベーション文化が当時流行の６Σによって窒息しかかっていたのを目撃したのもこの時でした。ＭＩＴを始めとした有名大学のアントレプレナー教育センターが、工学部や医学部などに自ら出前出張し、ＭＢＡ学生×医学部生×工学部生などのハイブリッドチームを作っている姿を目撃したのもこの時でした。毎日が発見でした。

自分が掲げるテーマで全米のキーマン１００人に会えるなんて羨ましく聞こえるかもしれませんが、結構大変でした。毎日３箇所程度訪問しました。土日は飛行機で都市間移動。着いたら直ぐにレンタカーを借りて活動開始。インタビュー準備、まとめ、お礼メール、それが毎日毎日、１００人分続きます。独りで全部やります。腰痛が悪化して痛みが頂点に達し、鎮痛剤の他、湿布も２００枚以上使いました。「野村総研」なんて誰も知らない、なんのブランド価値も持たない世界で駆けずり回るのは、自分が世界の中で蟻ほどにも満たないことを痛感するのに十二分でした。しかし夜通し話せるくらい貴重な経験となりました。今も仕事をする上で引き出しになっています。このとき支えて下さった上司や同僚の方々、そして私を泳がせてくれた野村総合研究所の懐の深さに改めて感謝いたします。

2度めの100人斬りは「次世代経営者育成法」をテーマにしたもので、東証一部上場大企業のトップにインタビューしまくりました。富士フイルムの古森重隆社長、コマツの坂根正弘会長、パナソニックの中村邦夫会長、武田薬品工業の長谷川閑史社長（全て、当時の役職）など、名だたる大企業トップにお会いしました。お話の内容もさることながら、大企業トップの悩みと覚悟というものを直接感じました。後ろがいない、ここが意思決定の最後という人達が放つ空気に圧倒され、言葉以上のものを学びました。次世代の経営人材には何が必要か？　過去の経営者とはどこが違うか？　このときの成果は、野村マネジメント・スクールの30周年記念プロジェクトとして出版させていただきました（野村総合研究所・野村マネジメント・スクール編著『トップが語る次世代経営者育成法』、日本経済新聞出版社）。

そして3度めの100人斬りが、本書のベースになっている100人の「革新者プロジェクト」です。日本の社会課題に新しいビジネスモデルで挑戦する革新者（ビジネスモデル・イノベーター）たちをテーマにしたものです。3年間という過去最大の時間をかけ、取材するだけでなく、互いに協力し合えるビジネスの友のような関係になることを目指しました。お蔭様で素晴らしい革新的経営者の方々と知り合い、つながり合えました。革新者に特有のイノベーションのキラー・スキルに触れ、その暗黙知を自分なりに整理しカタチにすることもできました。さらにこの人脈を日本の成長にどのように活かすか、その挑戦について本書後半では綴っています。

革新者との出会いは毎回鮮烈な刺激を与えてくれました。後で述べますが革新者は社会Needs（ニーズ）からではなく自らのWants（ウォンツ）から出発します。自分が欲しいもの、見たい世界、助けたい人という自分の内面にある強い動機を起業の原動力とします。そうしたWantsをビジネス化していくために、従来のＭＢＡ的なマネジメント・スキルとは異なるイノベーション・スキルを駆使します。その着眼、やり方は刺激的でありワクワクさせてくれます。このような革新者がこの国にどんどん増えていったら日本は元気になると思います。次世代がいきいきと挑戦できる新しい仕事が生まれ、新しい働き方が広がるに違いありません。日本に革新者を増殖させたい——いつしかそれが私にとってのWantsになっていきました。

まず100人の革新者を開拓する。この100人の革新者と、全国各地域で新しい事業に取り組む意欲を持った「地域に根を張る火の玉人材」とを交流させ、刺激し、化学反応を引き起こす。その結果、地域にも革新者が増えていき、いずれ日本全国で1000人、1万人の革新者が生まれる。1万人の革新者はさらに周りの人たちに影響を与えていく。私たちは日本中に広がる革新者と連携しながら日本に尖ったプロジェクトを次々と生み出すための「触媒」になる。革新者プロジェクトを通じて、私たちもまたそんな夢をいただいたように感じています。

100人斬りという方法は、極めて非効率なやり方であるとわかっています。しかしシンクタンク研究員として、コンサルタントとして、これまでいろいろな方法でやってきましたが、どれも物足りなく感じてしまうのです。迫力や説得力が足りないように感じてしまうのです。もちろん様々な未来予測の手法や調査法を否定するものではありません。しかし予測するだけでなく半歩だけでも先に行きたい。何か具体的に仕掛けたい。もっと実感したい。そのために選んだ方法が100人斬りでした。現場、実モデル、生身の経営者、実践的暗黙知、それらとの対面から得られるものを帰納法的に洞察する手法。自分には100人斬りが最もしっくりくるし、世の中の役に立てると思いました。

本書は4章構成になっています。まずChapter 1で、革新者とは誰か？ その定義、社会的意義、発掘法などについて説明します。続くChapter 2では、実際に8人の革新者の例を詳しく紹介します。どのケースも従来の企業経営とは異質であり、未来の経営を暗示する刺激的な内実を持っています。そしてChapter 3では100人の革新者との対話から抽出したイノベーションのキラー・スキルについて述べます。これは大企業経営管理者のマネジメント・スキルとは全く異なります。MBAでは教えてくれない革新者のキラー・スキルに触れて下さい。最後のChapter 4では、100人の革新者を日本の成長戦略に活かす方法、特に「地方創生」との掛算について述べます。これは現在私たちが挑戦中の「イノベーション・プログラム」の虎の巻のようなものになります。

では始めます。革新者１００人斬りの旅にどうぞお付き合い下さい。

Chapter 4

Chapter 1

革新者とは誰か？

「革新者」とは一体どんな人たちなのか、その定義とは？　社会課題先進国・日本における革新者の役割や社会的意義は何か？　革新者たちはどのようにして発掘し、ネットワーク化できるのだろうか？

現場の最前線の挑戦の中に、未来創造のパターンが宿る

2012年9月、野村総合研究所未来創発センター内に「2030年研究室」が新設され、発足と同時に「革新者プロジェクト」を開始した。革新者プロジェクトとは、社会の様々な領域で、従来の常識とは違ったユニークな切り口を持つ未来のビジネスモデルを探索し、その経営者と会い深く対話し、できれば将来も継続的に協力し合える友人のようになっていただく、これを100人やろうというプロジェクトである。

通常なら、未来を予測する場合、統計的分析で将来の趨勢をシミュレートするやり方をすることが多い。人口や財政や技術や消費傾向など、数多くのシミュレーションが世の中に存在する。あるいは日本の未来の課題を議論し、その対策や戦略を検討するために、有識者から構成される委員会やワーキンググループを設置する方法もあり得る。だが今回私たちは、そのどちらでもない方法を選択した。すなわち、現場の最前線の革新的・創造的な実践の中に、既に未来への萌芽が生まれていると考え、それらを探索し、それらを率いる革新的経営者と対話することによって、未来創造の様々なパターンを洞察するという帰納法的アプローチをとった。

マクロ的な予測をしても、日本の未来は厳しいものにならざるを得ない。単純に未来を予測するよりも、未来のシナリオを変え得るモデルを探すほうが、未来への役に立てると考えたためだ。同時に、社会環境の予測と課題を示しても、人は危機を認識はするが、それに対して自ら挑戦しようと行動はしない。挑戦するためには具体的で刺激的な実モデルが必要だと考えた。

こうして集めた革新者たちのビジネスモデルは、現状ではマーケットのたかだか

1％程度のインパクトしか持っていないかもしれない。しかしたった1％の変化が、カオス的に発展し、未来は創られていく。今は小さな種であっても、やがて社会や経済により大きなインパクトを与えていく可能性がある。革新者が示す斬新なモデルは、たとえその企業自体が途中様々な事情によって消え失せてしまう運命になったとしても、他の企業に引き継がれ、進化し、やがて社会に新しい価値創造パターンとして拡がっていく可能性がある。革新者たちは個々の企業体を超えて、集団として、未来を変えるパワー・クラスターである。

革新者の定義

ここでいう革新者とは、必ずしもハイテク・ベンチャーである必要はない。あるいは将来、株式公開し大きなキャピタル・ゲインを生み出しそうな成長銘柄を指しているわけでもない。私たちは革新者を次のように定義した。

「革新者とは、社会課題を見据えながら、あたりまえの常識を疑い、新しい切り口を見出し、埋もれている潜在価値を引き出して、それを事業として創造し、やり切り、どんどん進化させ、最終的に社会に驚きや感動を生み出す人」

この定義の中に、革新者のエッセンスが詰まっている。つまり革新者とは、なんらかの社会課題と意識的に関わりを持つ。しかもそのテーマに対し、他者と同じようなあたりまえのやり方ではなく、これまでになかった独自の切り口から解に迫っていく。この斬新な切り口が我々をハッとさせる。また新しい切り口から未来の事業を創造する上で、革新者たちはこれまで他者があまり注目しなかった資源に注目し、通常マイナスだと思われているものからプラスの潜在価値を引っ張り出す。そうした新たな価値創造を武器に事業を立ち上げるわけであるが、そこには言うまでもなく困難が山積している。革新者はこれらをしぶとく乗り越え、やり切り、そこで満足することなくどんどん進化させる。やがてそのビジネスモデルは確固たる姿を現し、世の中に驚きと感動を与える。

革新者は社会課題を解くトリガー

言うまでもなく日本の未来には社会課題が山積みである。人口、財政、福祉など、このまま推移すれば日本の未来は非常に厳しいものにならざるを得ない。それは皆わかっている。だとすれば、やらなければならないことは単に未来を予測分析することではなく、衰退する日本の未来を「変える」、または新たな未来を「創る」ことである。待ちうける厳しい未来を今から変えるトリガー（ひきがね）が必要である。この場合、政策的な手立ても必要ではあるが、財政に依存するばかりでなく民間主導の社会課題解決型ビジネスモデルの創出がより重要である。

革新者は、「課題を機会に変え、欠点を個性に変え、マイナスをプラスに変え、ひいては宿命を使命に変える」力を持っている。この革新者のひねくれた魅力こそが、日本の未来を変える原動力である。社会課題先進国という日本の病は、まともに議論し対策を検討しても財政依存度が高くなってしまい、将来世代へますますツケを残し兼ねないという問題を孕んでいる。この超難題を突破するためには、革新者たちの異質な発想と価値創造力が必要である。革新者たちは、日本の社会課題を解く重要なトリガーとなる可能性を秘めている。

革新者の発掘法

100人の革新者はどのように探しているのか？　という質問をよく受ける。特定の数的基準で分析・選定していると思う方もいらっしゃるが、実態はディスカッション・ベースである。強いて言えば、パターンのユニークネス（今までにないもの）で選んでいる。2030年研究室のメンバーが、「このビジネスモデルは社会課題の新しい解決につながる可能性がある」、「これからの新しい経営パターンを感じる」と直観するものをまず持ち寄り、チームで議論をして、イノベーションの度合いや真偽を再度検討し、そこで選んだ候補者に対し取材を申し入れ、深く対話する。

なお、ある程度革新者の蓄積が進んでくると、革新者が次の革新者候補を紹介してくれることもある。「彼のやっていることは面白いと思うよ」といった具合に、革新者は柔らかく次の革新者へのつなぎを作ってくれる。こうして革新者のサンプルが増えていく方式は、ある大学の先生によると「スノーボール・サンプリング」というらしい。雪だるま式に増えていくという意味であり、仮説検証型ではなく仮説発見型に適した手法だと言う。ただし紹介は比較的近い領域の仲間に収斂されていくことがあるので（例えばネットベンチャーの経営者仲間の交流は濃密であり、つながりを辿れば、すぐに〝いつもの顔〟ばかりが出てきやすい）、偏りがないように意識的に領域や経営者年齢などを分散させるようにした。

ではスノーボール・サンプリングは何サンプルやれば充分なのだろうか？　その答えは意外だった。「私が飽きるまで」だそうだ。何十人もの革新者と会って深く対話を重ねていくと、だんだんと同じような考え方や切り口に出会うようになる。その時、私が、もうこれ以上新しい革新者に会っても追加的な発見は無さそうだと感じたときが終わりなのだそうだ。この現象を学術的には「理論的飽和」という。面白い考え方だ。現在、革新者の蓄積は100人を突破したが、まだまだ飽きそうにない。

Chapter 2

革新者たちの未来創造パターン

ではまず、これまでに会った100人の革新者の中から、特に刺激的な８人を選び、その独創的な経営手法を紹介したい。革新者はどんな切り口で未来の事業を切り拓いているのか？　その経営思想やビジネスモデルは従来の経営といかに異なるのか？　そしてなぜ、革新者はこのようなイノベーションを成し遂げられたのだろうか？

社長が年間60泊もキャンプに出かける経営
——マネジメント・バイ・キャンピング

「旅に出ます、探さないで下さい。（笑）」

自らのフェイスブックに、「旅に出ます、探さないで下さい。（笑）」というコメントを残して、時々いなくなってしまう社長がいる。テント、焚火台、ストーブ、ランタン、野外料理道具などを製造し、本格派アウトドアライフを創造する企業、スノーピークの山井太（やまいとおる）社長である。山井さんはなんと、多い年で年間60泊もキャンプに出かける。こんな社長、世界中を探してもいない。

社長が年間60泊もキャンプに出かけ、会社を留守にする。そんなことをして会社は回るのだろうか？

「僕は年間の事業計画を作り、月次チェックをするだけです。あとは、〝未来をつくる〟のが僕の仕事です」と山井さんは気負いもなく話す。

同社には、「The Snow Peak Way」という経営哲学がある。その中には「自らもユーザーであるという立場で考え、お互いが感動できるモノやサービスを提供する」と謳われている。社長自らが、年間5000人ものユーザーとキャンプをする。キャンプでは、1泊2日から2泊3日、ユーザーと長い時間、一緒に過ごすことになる。一緒に呑んだり、食べたり、語り合ったり、助け合ったり、そこでは原初的で人間的な交流が生じる。この生身の交流を通じて、ユーザーとの間にThe Snow Peak Wayに対する深い共感が育まれる。「スノーピークはモノのブランドであるとともに、ユーザーが作るコミュニティ・ブランドでもある」と山井さんは語る。

ユーザーと一緒にキャンプをすれば、スノーピークの社員自身も自らの力量を問われることになる。テントの設営、道具の使い方など、もしユーザーの方が社員の知識や力量を上回っていたりすれば、社員は恥ずかしい思いをすることになるだろう。だから社員はユーザーとしてのスキルを磨き、自分たちが製品に込めた思いを顧客に伝えきれなければならない。

ユーザーの不満や苦情などの声が山井さんに直接向けられることもある。間近で生の声を聴くのだから、耳が痛いし、辛いし、逃げられない。だからスノーピークは軌道修正が早いと言われる。ところで、ユーザーの不満や苦情はわりとすぐに表面に出やすいが、これからどんな製品やサービスが求められる

キャンプでユーザーと共に過ごす山井さん

かという未来のユーザーの欲求については、実はユーザーでさえうまく言葉にできないことが多い。だからスノーピークの社員は、それをユーザーに直接聞くことはしない。キャンプを通してユーザーのライフスタイルをじっと観察し、これからどんな製品やサービスが求められるかを五感で感じ取るようにしていると言う。面白いのは、山井さん自身、多くの時間をキャンプに費やすヘビーユーザーであるため、自分の欲しいものを自分の欲しいタイミングでリリースすると、他のユーザーよりも先を行き過ぎていてハズしてしまうことが多いのだそうだ。だから山井さんは、キャンプを通じてユーザーのライフスタイルをじっくりと肌で感じ、いつ何を出すべきか、そのタイミングも調整していく。

ユーザーとのキャンプが、スノーピークのビジネスモデルを変えた

ところで山井流「マネジメント・バイ・キャンピング」はいつ、なぜ始まったのだろうか？　かつてスノーピークは苦境に陥ったことがある。１９９４年から１９９９年まで６期連続で売り上げが減少し、25・5億円あった年商は14・5億円へと

落ち込み、売り上げの40％以上を失った。キャンプ・ブームを支えていた団塊世代が子供の成長とともにファミリーキャンプ市場から抜けていき、その影響で市場が小さくなってしまったのが主因であった。「もうキャンプ市場は終わった」、「スノーピークはキャンプ用品の会社だから来なくていいよ」、業界ではそんな空気が色濃くなる中、山井さんも自信を失っていた。「本当にこの仕事に社会的な存在理由があるのだろうか」とまで考えた。「迷ったら原点に返るしかない。お客さんに聞いてみよう」

1998年秋、スノーピークはユーザーとのキャンプイベントを初めて実施した。30組ほどが集まり、焚火を囲んで語り合った。集まったユーザーがほぼ全員、共通して言ったことが2つあった。1つは「値段が高い」ということ。山井さんは、スノーピークの製品は高くても、お客さんはその価値を認めて買ってくれていると思い込んでいた。もう1つは、「店に行ってもカタログにある製品が置いていないから、買えない」というものだった。この事実を参加したユーザーから突き付けられて、山井さんはその夜、眠れなかったという。

「ユーザー以外に、私たちの存在理由はない。そのユーザーが高い、買えないと言っている。これを受け止めないでいて、スノーピークに未来はない」。山井さんが初めて本当の意味でユーザーの立場に立った瞬間であったと言う。この初のキャンプイベントから、山井さんはスノーピークの経営モデルを劇的に変えていく。それまで、スノーピークの製品は、専ら卸売や小売を通じて提供されていた。小売店はその時の売れ筋製品しか置いてくれないので、当時スノーピークが提供する300アイテムのうち、10~30アイテムしか店に並んでいない状態であった。スノーピークが表現しようとする世界観が、店先で感じられることはなかった。

山井さんは、ユーザーとの初のキャンプイベントから戻った月曜日、即座に経営改革を発表した。従来の問屋取引を止め、1商圏1店舗にして、その店舗にはスノーピークの全製品を展示・販売する。社内には猛反対が起こったが、山井さんは先頭に立って販売店を1000店舗から250店舗に絞り込んだ。地域によっては車で1時間以上かけないと行けない店かもしれないが、そこに行けばスノーピークの全製品があり、世界観が感じられるように変えた。販売チャネルが短縮化したことによって、流通マージンも低下、実売価格を大幅に落とすことも可能になった。この改革が功を奏し、スノーピークは2000年から増収増益に転じた。

さらに山井さんは、2011年4月、新しいヘッドクォーターズを完成させた。ユーザーにThe Snow Peak Wayを実感してもらうためには、恒例のキャンプイベントだけではもはや限界があると感じ、スノーピークの本社自体を壮大なキャンプ場（敷地面積5万坪）の中に建て、ユーザーや取引先の方々に、いつでも身近にThe Snow Peak Wayを感じてもらえるようにしたのである。

新ヘッドクォーターズへの総投資額は19億円。スノ

スノーピークの新ヘッドクォーターズ

ーピークの事業規模からみると非常に大きな金額であり、冒険とも言える。スノーピークはそれまで無借金経営で、自己資本比率が90%を超えており、「絶対に倒産しない不沈空母」だと誰もが安心しきっていた。山井さんはその安定を敢えて壊したのである。社内には、成長しないとつぶれるかもしれないという危機感が走った。スノーピークの組織体質は一段と強くなり、新本社完成からの5年間はなんと年率20%の勢いで成長を加速している。

地域の伝統技術を新しい価値に変換するプロデューサー

「これだけ多くのアウトドア製品を作っていて、設備投資はいったいどのくらいしているのですか?」、海外の企業経営者は驚いて山井さんに聞くそうだ。「1兆円くらいかな」、山井さんは冗談を返して笑う。実はスノーピークが自ら製造しているのは「焚火台（たきびだい）」という同社を象徴する製品のみである。自社で製造機能を抱える必要はなく、地域に集積する技術力を最大限に引き出しているのだ。スノーピークは、燕三条の加工技術を背景にアウトドアライフをプロデュースする企画会社なのである。

スノーピークの本社は新潟県燕三条にある。古くから刃物や金属食器の中小企業集積で有名な燕三条には今も約1500社の金属加工業が存在し、彼らはアウトドア分野の製品で何か売りたいものがあればスノーピークに持っていくという。スノーピークこそが燕三条の金属加工技術を最も高い価値に変換するブランド力を持った企業であることを知っているからである。地域に眠る中小企業の高度な技術と、世界に発信するライフスタイルブランド企業とが共生する素晴らしい事例である。

燕三条の金属加工技術を活かした象徴的なものに「和鉄ダッチオーブン」がある。通常のダッチオーブンが8㎜程度の厚さで、男性でも重く感じるのに対し、スノーピークのものはわずか2・75㎜、女性でも簡単に扱える。燕三条に蓄積された鍛造鋳造技術なくしては不可能な製品だ。スノーピークの存在は燕三条の技術集積と共にあり、地域の技術をつなぐプラットフォームになっている。

「ユーザー・スキル」を重視した人材戦略

スノーピークの製品開発は全て内製である。外部のデザイナーは使わない。その理由について山井さんは、「スノーピークの製品は、デザイン、機能、ユーザー・スキルが三位一体だから、アウトドアライフが心から好きじゃないとデザインできない」と語る。なるほど「ユーザー・スキル」というのは、そのことを好きな人以外には磨くことのできないスキルである。ユーザー・スキルに立脚しているから、製品コンセプトに深みが出る。デザイナーや開発者の要件としてユーザー・スキルを明確に位置付けているところがスノーピークらしい。

そして、スノーピークでは作った製品全てに保証書を付けていない（つまり半永久的に修理を保証する）。全社員190名のうち、リペアスタッフが10名いて、常時、ユーザーから送られてきたスノーピーク製品の修繕にあたっている。今どき、大企業の中で製品に保証書を付けていないメーカーはないだろう。まるで、鍛冶屋などの手仕事の発想である。しかし山井さんは、「ユーザーとして一番嫌なことは、買ったモノが壊れること、機能しないことではないでしょうか。大いに落胆します。ユーザーの立ち位置に徹底して立ちたい」と言う。

「スノーピークが提供しているものの本質は何か？」

「それは先進国に生きる人間をストレスから解放し人間性を回復する癒し」

社内では、そんな本質的な話がよく飛び交う。「人間性の回復というマグマの上に、スノーピークという火山がスクッと立ち、オートキャンプと登山という2つの大きな頂を形成しているのが当社の現状」と山井さんは話す。そしてこれからは「アーバン・アウトドア」という第三の癒し市場にも挑戦していくという。

トップ自らが「野遊び」の先頭を走る意味

トップ自らが「野遊び」の先頭を走る会社は、自らもユーザーの一員として一体化しながら、アウトドアライフの未来を見つめている。「この事業を経営されていて何が嬉しいですか」という質問に対し、山井さんの答えは極めて自然だった。「お客様同士がつながっていくのが嬉しい。キャンプで、子供同士が遊び始める。

つられて親も一緒にお酒を飲み始めたり、晩ごはんを交換したりする。すると必ず、次に一緒にキャンプに行こうよという話になる。そして一生のお友達になる。もちろん家族内の絆も強まる。多くの場合、テントを立てるのはお父さん。お母さんや子供たちが手伝う。家族それぞれの立ち位置がはっきりする。家族の仲が良くなる」

売り上げ、利益、事業計画、マイルストーン、PDCA、株主価値……どれも大事ではある。だが自分の事業の価値を、ユーザーの目線で自然な言葉で語れることはもっと素敵だと思う。それこそが本当のビジョンであり、トップが担うべき原始的役割だと思う。だから山井さんはまた旅に出る。キャンプが好きだからという、その本能に従って旅に出る。遊びながらアウトドアライフの未来を考え、社に戻って課題を提起し続ける。

「旅に出ます、探さないで下さい。(笑)」

1粒1000円のイチゴを生み出すIT農業

震災で壊滅した故郷のイチゴ産地を甦えらせた創造的復興手法とは？

東日本大震災で95%が壊滅した故郷のイチゴ産地を、全く新しい形で甦えらせた復興起業家がいる。当時東京でIT企業を経営していたGRAの岩佐大輝代表である。震災前、宮城県山元町ではイチゴの出荷額が13億円あった。これは町の予算規模が50億円程度であったことを考えると、非常に大きな存在感だ。「イチゴ産地の復興なくしては、山元町の存続は危うい。復興の旗印になるような成功事例を急いで作らないと、この町に目が行かなくなる。人がいなくなって、文化も無くなってしまう」と恐怖を感じていた岩佐さんは、産地復興に向け、自らが持つノウハウや人脈を駆使して、町の農家のマーケティング支援に乗り出した。しかし、既存の流通機構の縛りもあって、岩佐さんが思い描くように、山元町ブランドで全国に農産物を出荷することはできなかった。

既存の流通機構に不満を言ってみたり、改革が必要だと声高に叫んでみても始まらない。岩佐さんは自分たちで新しいビジネスモデルを立ち上げたほうが早いと考えた。そして2011年9月、無謀にもたった3名（農家の友人と役所の友人）で、井戸を掘り、ビニールハウスを作り始めた。井戸水は塩分を含んでおり、イチゴは上手く育たないと思われていた。しかし、イチゴは奇跡的に育ち、翌年、収穫の春を迎える。

匠の暗黙知をITに組み込む

2012年に入り、岩佐さんは、最先端のイチゴづくりを本格化させる。農林水産省の研究事業の受託法人となるべく活動を開始し、ついに、産地復興の象徴ともいうべき巨大なハウス群を5億円投じて建設した。そこで栽培されるイチゴやトマトは、温度、湿度、日照、水、風、二酸化炭素、養分などが全てITで制御されている。制御データには、この道35年のベテランイチゴ農家、橋元忠嗣さんの匠の暗黙知を組み込んだ。データ野球ならぬ「データ農業」が始動した。

岩佐さんの凄いところは、産地を震災前の状態に戻す復興ではなく、世界最高級の産地へと突き抜ける戦略をとったことだ。岩佐さんはこれを「創造的復興」と呼んでいる。山元町のイチゴ農家の担い手は65歳以上の高齢者がほとんどだったので、彼らが培ってきた技やノウハウをなんとかして次の時代に受け継いでいかなくてはならないが、人から人への暗黙知の伝達だけでは限界があるし、時間も足りない。同時に、従来のままの農業経営を引き継ぐだけでは高い付加価値を生み出せず、固定費への投資ができない。岩佐さんは単位面積あたりの収穫量を

匠の栽培ノウハウをITで再現する巨大なイチゴハウス

1・5倍にする数々の生産革新と、ここで採れるイチゴの単価を平均1・5倍にまで引き上げるプレミアム・ブランド戦略によって、従来比2・25倍の価値創出を実現した。

20人の5%を結集して最高級ブランドを生み出す

ここで作られたイチゴは、「ミガキイチゴ」というブランドで売られ、新宿伊勢丹では、なんと1粒1000円の値がついた。最高級プレミアム・ブランドの誕生である。実はこのブランド戦略の成功の陰には、従来とはちょっと変わったしくみがあった。

GRAは農業生産法人とは別に、人づくりのためのNPOを組織している。そのメンバーには東京の大企業に勤める人たちが多く、日頃はデザイン、PR、財務など様々な部門に属して働いている。岩佐さんは、彼らが持つプロフェッショナルな専

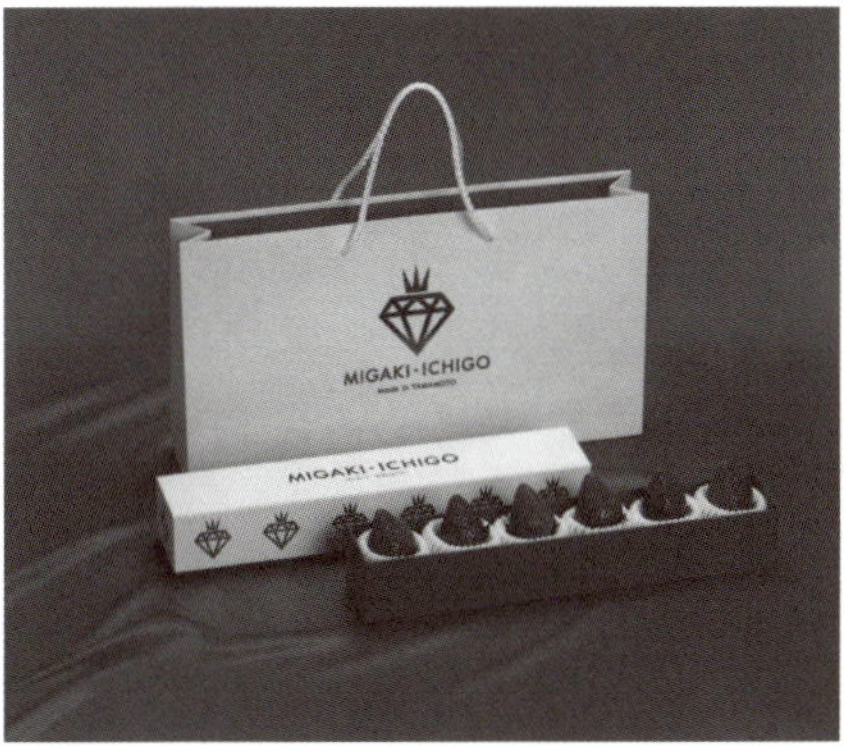

最高級プレミアムブランド「ミガキイチゴ」

門能力を、それぞれ5％の時間だけボランティアとして提供してもらう「プロボノ」という枠組みを用いた。このメンバーは登録ベースで１０００名を超え、アクティブに活動している実働ベースでも常時１００名くらいは存在するという。彼らは東京の大企業に所属しつつも、何か自分も復興に関わりたいという潜在的なモチベーションを持っていた。復興ＮＰＯに自分の専門性を活かして関わることは、彼らにとっての想いの実現になる他、将来的なキャリアアップのための実績にもなる。また、そこには人と人との新しい出会いの楽しさもある。岩佐さんは、この眠っていた大企業内個人の潜在的な力を巧みに引き出したのである。特に、ブランドやマーケティングの分野で、こうしたプロの力を無償動員できたことはプロジェクトの成功にとって大きかったと語る。

岩佐さんは、このプロボノ組織についてとても面白いことを言っていた。

「１人の１００％よりも、20人の5％のほうがいい。１人でマルチになんでもでき

「プロボノ」のパワーを活かす岩佐さん

る人はいないし、辞めてしまったら全て消えてなくなってしまう。プロボノの5％をつなぐことには実は物凄い価値がある」

なるほど、たとえ5％の時間でも、職能の異なる様々なプロフェッショナルが本気で協力・協働することのイノベーションのパワーを私たちはまだ十分に知らない。GRAの成功要因の1つは、このプロボノ・パワーを引き出した求心力と編集力にあるのかもしれない。

若い人たちがワクワクするような農業を作る

さらに驚くのは、同様の先端園芸施設を、インド（マハラシュトラ）でも展開したことである。日本のイチゴ農家の匠のノウハウを、ITを用いてパッケージ化し、インドでもそのまま再現することによって、インドに美味しい果物の市場を新たに作り出す事業である。「塩水しか出ない山元町でもやれたんだ。インドでもやれるはずだ」。被災した山元町や、暑くて過酷な環境のインドでさえも、もし高品質な農産物の生産に成功することができたなら、「あらゆる地域で食べ物が栽培できるようになるんじゃないか」と岩佐さんはとてつもないことを言う。

しかしインドの事情は一筋縄ではいかない。電気はしょっちゅう落ちる、水質は毎日変わる、道路は荒れて軟弱果実を運ぶのには適さない、そもそもインドには美味しいフルーツに対するマーケット（認知）がまだ育っていない。苦労は絶えなかった。そこで岩佐さんはまず外資系ホテルにターゲットを絞り、納品に成功、実績を作っていった。

「震災後に立ち上がった会社が、インドに出て行って実績を作ったと証明することは、非常に大事だと思っている。我々の農業は世界で通用するという勇気をみんなが持って前に進んでいけたらいい」

山元町の人口が1万2000人程度であるのに対し、GRAの園芸施設を訪れる視察者は4000人に達した。さらに岩佐さんは隣接地に、施設園芸の本場オランダを凌ぐ世界一の「超」先端農業施設を建設する予定である。この「超」先端農場は展示スペースを備え、国内外からアグリ・ツーリズムも迎え入れる。そうなれば視察者は1万人を超え、山元町には市の定住人口を凌ぐ交流人口が生まれる。町のコンテンツとは関係ない観光施設を誘致したりするのではなく、町のアイデンティティであるイチゴを核にして交流人口を増やし、町を活性化していくべきというのが、岩佐さんの持論だ。

岩佐さんは新規就農支援ビジネスにも動き出した。これまで培ってきたノウハウを提供し、フランチャイズのように拡大していく。「従来のように農家に10年も付いて仕事を覚えるんじゃなく、1年くらいでクイックにノウハウを吸収してもらう」という新しい指導方式を導入する。このノウハウ・ライセンシングによって、GRAは自らの初期投資を回収するとともに、地元雇用の拡大を進めていく考えである。もちろん生産のみならず、6次産業化によって直接、間接に雇用を増やしていきたいと言う。

「若い人たちの間でソーシャル・アントレプレナー（社会起業家）が増えているのはすごく嬉しいことですが、産業創造を軸に動いている人が圧倒的に少ないのが残念です。コミュニティ・デザインだけでは町は持続可能な豊かさを手に入れることはできません。経済を回すこととコミュニティを作ることを同時に進めていくことが大事です」

復興ボランティアで自己満足せず、厳しい経営の眼も持ちながら活動する岩佐さんが、自らの事業を通じて、最終的に示そうとしていることは何か。岩佐さんは究極の狙いを次のように語った。

「若い農業従事者がワクワクするようなビジネスをこれから見せていきたい」

ＧＲＡの目標は、10年以内に１００社の企業化又は農業を継ぐ人が現れること、そして１万人の雇用を作ることである。それは大き過ぎる夢だが、岩佐さんならやれるかもしれない。

福祉はかわいそうから面白そうへ

福祉とクラブ・カルチャーを掛け合わせる

介護・福祉業界に新風を巻き起こす革新者がいる。ＮＰＯ法人Ubdobe（ウブドベ）の代表、岡勇樹さんだ。

岡さんは、渋谷のクラブで、ＤＪやライブの合い間に、いきなり高齢者介護や障がい者福祉の講演をはさむイベントを仕掛ける。常識的にみて、この組み合わせはミスマッチだ。ふざけているのだろうか？　いや、岡さんは、普段福祉の世界にあまり関係ない若者を巻き込もうとしている。福祉というのは、何も真面目な顔をして世のため人のために苦しい作業をしなければならない職業だと決まったわけではない。笑いがあり、感動があり、驚きがある、もっと楽しい世界であることをメッセージにしようとしている。福祉の世界を再定義することによって、もっと多くの人たちが福祉へアクセスし、自分も楽しみながら人助けもしちゃうような新しい福祉の世界を創造しようとしている。

2025年頃、日本の要介護者は約700万人になると推計されている。これに対し、介護職員を80万人近く増やす必要が生じるがそれを実現できる見込みは、残念ながらない。供給は追い付かず、このままでは介護難民の増大が危惧される。介護や福祉の職場は3Kと言われている。介護という職業は、最初から自らその道を選んで入って来る人ばかりではない。むしろ、就職担当窓口の現場では、就職試験で何十社も受けて失敗した人に対し最後に切るカードみたいなところさえ現実にはあるという。最初から屈折した気持ちで介護や福祉業界に入ってきて楽しいはずがない。福祉業界は縦割りで、働く人たちの横のつながりも作りにくい。

人材の問題解決を行政にだけ求めても無理だ。新しいアプローチが必要とされている。福祉の世界を特別扱いせず、正しい人じゃなくても、良い人じゃなくても、誰もがアクセス可能で、認知症、自閉症、知的障がいなど様々な人たちが持つ独自の視点や世界観や能力を知り、互いに楽しみ合うような新しい経験の創造。岡さんは、福祉への入り口をもっと楽しい入り口にしたいと思っている。カッコいい生きかたを追いかけられる職業にしたいと思っている。究極的には福祉という固定観念を変えようとしている。

クラブやライブハウスではモッシュピットという小さな丸い集団ができる。互いに体をぶつけ合うその姿には、パッと見、恐怖を感じる。だがこれは喧嘩ではなくダンスで、パンクの共通ルールだ。そこでモミクシャになって倒れる人がいると、知らない人が自然と手を貸して倒れた人を起こしてあげる。この助け合いは本能的なものだ。

「これって福祉じゃないのか」と岡さんはつぶやく。

「優しさとか思いやりとか、自分で言っちゃうのはむしろ気持ち悪い。福祉とは、言うんじゃなくて、あること」

特に良い人ぶらずに、普通の人が自然に人を助けちゃうナチュラルな福祉。非常識で悪そうだけど、さらりと人助けしてしまう生身の人間像の中に、岡さんは福祉の拡大可能性を捉えている。

クラブは騒がしいし、行きにくいという人たちもいるだろう。介護職員になろうとする人はクラブに行ったことのない人だって多い。岡さんは、そういう人向けに、静かな場所で話し合うトークイベントも月1に複数回開催している。そこではまず、ゲストと岡さんの対談から始め、対談の中から課題を1つだけ抽出して参加者の方へ投げかける。参加者は、話し相手を替えながら、会場をあちこちに動き回るグループワークを4回転ぐらい行い、しだいに課題に対する解決方向を導いていく。グループワークの

福祉とクラブ・カルチャーを掛け合わせた「ソーシャルファンク」

後は、参加者が自由に交流するフリータイムにしており、これが非常に盛り上がるという。つまり、ここは福祉に関する学びの場であると同時に、人と人との出会いの場、横につながる場にもなっているのだ。福祉の世界には、合コンに行くのは恥ずかしいけど、出会いを求めているという人たちがいる。これは福祉版合コン（ウエルコン）と言ってもいい。そんなの「動機が不健全だ」と言う人もいるかもしれない。しかし、それが普通の若者のリアルな姿ではないのか。福祉の世界にだけ許されないという理由はない。本音や欲望も含めて人間というものを理解し受容できなければ、介護や福祉の世界に関わる人たちを増やしていくことはできないだろう。

全人類参加型エクスペリメンタルエンターテインメント

岡さんは、デイサービス施設や福祉系の学生と共同で、施設利用者を定期的に外に連れ出す活動もしている。ただ単に利用者を外に連れ出すだけでなく、障がい者や高齢者にガイド役になってもらい、それを福祉系の学生がサポートしながら、一般の方々にお客さんとして参加してもらう体験型ツアーに仕立てようとしている。

このツアーは、障がい者や高齢者が持つ独自の経験や視点を活かし、一般参加者に新たな気づきを与えるものだ。例えば、高齢者や障がい者に街の中の障害物の話をしてもらいながら、ユニバーサルデザインについて学ぶツアーなどを既に行っている。

岡さんは、このツアーを「障がい者、高齢者、学生、社会人などが、世代や生活環境を超えてチームになり、ツアーを敢行する全人類参加型エクスペリメンタルエンターテインメント」と面白い表現をしている。これは障がい者、高齢者という弱者を助けるための事業ではない。障がい者、高齢者に「先生」になってもらいながら、参加者みんながそこから新たな気づきや学びを得る、他者の目線を獲得することの楽しさや人間的成長を追求した事業の1つである。

障がい者と共にまちのユニバーサルデザインを考えるツアー

岡さんは今後このツアーの実験を積み上げながらマニュアル化し、いずれ全国の各地域ベースで展開できるように落とし込んでいきたいと考えている。もし地域ごとにユニバーサルツアーが企画実践できれば、ツアーが終わった後でも、その地域の中で参加者の日常的なお付き合いや持続的ないたわりあいが生まれる可能性がある。

福祉は、自分が最も楽しみながらやることが大事

岡さん率いるウブドベでは、全国各地で行われる野外フェスティバルの中で、キッズ&ファミリーゾーンの運営も受託している。これは子供がグズったときの駆け込み寺みたいなもので、授乳室の他に、アート・ワークショップ、フェイス・ペインティング、ライブ・ペインティング（音楽に合わせて自由にペインティングする）など、子供たちが楽しめる活動を組み込んだ空間になっている。普段、保育士や介護職員をやっている人たちが土日に参加し、手伝ってくれるそうだ。しかしなぜ、毎日疲れている保育士や介護職員が、無償にもかかわらずたくさん集まってくれるのだろ

うか？

「ボランティアのシフトを組む時、それぞれに、見たいアーティストを伝えてねと言っています。そこを1時間半くらいの休憩時間にしてあげる。福祉は、自分が最も楽しみながらやることが大事です」

彼ら、彼女らからすれば、好きなアーティストが出演するイベントにスタッフとして無料で入れるチャンス、ラッキー！ となる。そんな普通の子たちの普通の気持ちを、結果としてみれば福祉の方向へつなげていくのが岡さんは上手い。

介護の「新3K」を目指して

岡さんの仕掛けは止まらない。介護・福祉業界で働くちょっと輝いているイケメン、イケジョを街で撮影（ウブドベ コレクション）し、写真集をアップロードする活動も行っている。次の展開としてはファッションショーも企画中である。「この業界の制服はダサいから」と笑う。

「そんなに楽しく表現しちゃって、実際に業界に入ってからの実態との違いをどうするつもりだ！」業界にいる人たちからはそんな心配をする声も聞こえてくる。

確かに、やり過ぎ、行き過ぎには留意が必要だろう。しかし、介護職の３Ｋイメージが定着し、超高齢化社会だというのに介護職員は圧倒的に不足し、認知症や障がい者たちは特定の空間に閉じ込められ、そして離職率16・6％が示すように福祉・介護現場で働く人たちのモチベーションさえも危うい中で、岡さんは自分の好きな音楽やライブを活かしてこの状況を変えようと挑戦しているのだ。彼は福祉業界に多様な活力ある人材を引っぱり込み、ロールモデルを作り出そうとしている。「みんな自分が想い描くイメージを追いかけることができれば、途中でズッコケても、また立ち直れる」

岡さんが高校で講演をすると、全く聞いていない生徒や騒いでいる生徒がいるそうだ。だが「いい意味でバカになれる方が、施設ではおじいちゃん、おばあちゃんにモテる」と岡さんは言う。人は一面だけで評価してしまったらもったいない。岡さんは、そういう子を狙って、帰りがけに声をかける――「君にいい場所がある」

岡さんは問いかける。「介護の３Ｋって言葉を知っていますか？」

そして意外なことを言う。

「〝カッコいい〟、〝かわいい〟、〝けっこうおもろい〟の三拍子のことなんだけど、本当にそう。今日みたいな雪の日でも嵐でも大地震が起きても、施設やおうちには利用者さんがいます。電車が動かないから、とか言っていられません。なんとかして相手の居場所に辿り着いて必要な介護技術を施す。これは全ての対人援助職に言えることだけど、そこに誰かがいる限り向かっていくというのはレスキュー隊やドクターなどと一緒。こういうことを世の中では〝きつい〟、〝きたない〟、〝給料どうのこうの〟と言っておるのでしょうか？　もしそうなのであれば、その大きな大きな勘違いをそろそろ取っ払うべき時なのではないでしょうか？　今は２０１６年です。介護保険が始まって10年以上経つのに、まだそんなイメージの中でちんたらやり続けるつもりでしょうか？　ネガティブなイメージを克服する時代はもう終わりました。最初っからポジティブ思考全開でアグレッシブにクリエイティブに世の中を作っていきませんか？」

業界を変える力は、その業界とは全く異なる世界の経験やセンスからもたらされるのかもしれない。

人口減少時代に、人口を16%も増やし、しかも若返ったまち

ターゲットはDEWKs

この人口減少の時代に、人口を16%、2万5000人も増やしたまちがある。しかも子育て世代の30代夫婦を中心とした人口流入であるため、人口構成も若返らせた。これは、「子育て世代の共働き夫婦」(Double Employed With Kids: DEWKs)を狙い撃ちした千葉県流山市（総人口は17万7000人）のマーケティング戦略の成果である。

DEWKsは共働きだから世帯所得が高く、税収や、まちの商業・サービス業活性化への寄与度も大きい。またDINKs（Double Income No Kids）とは違って子供を持ったため、次世代もこのまちに持続的に住み続ける可能性がある。

流山市の人口は、2005年の15万3000人から2016年には17万6000人へと増大。人口ピラミッドの推移をみると、10歳未満の子供と、30~40代の子育て世代が大幅に増加している。今や30~40代の子育て世代の人口が、かつてのボリュームゾーンであった団塊世代の数を上回り、流山市の人口構成における最大のボリュームゾーンとなった。しかも合計特殊出生率も上昇傾向にある。流山市は単に人口増を達成しただけでなく、人口構成を未来に向けて持続可能性を高める方向へと再構築したのである。

普通の自治体は、人口変化に対して受動的に反応する。つまり、「これからコミュニティは高齢化していくから、高齢者を重視した都市計画なり行政施策なりが大事」という考え方になる。この論理は、議会の意思や選挙の思惑とも直結している。これに対し流山市の井崎義治市長（2003年市長就任）は、自治体財政やまちの活性化、世代の持続性というものを考えた時、小さな子供を持つ共働きの夫婦が、未来の流山市にとって重要な役割を果たす人口資源であると考え、望ましい人口変化を自らの手で誘導しようとアクティブに働きかけた。それは、ターゲティングやマーケティングの必要性を理解しない行政内部や議会の抵抗勢力と真っ向から向き合う闘いでもあった。

「人口減少と都市間競争の時代」と、誰もが口では言う。しかし、それを自分たちのまちの危機感として腹に落としている政治家や行政マンはどれだけいるだろうか。さらには思うだけでなく、対策戦略を実行に移せるリーダーは稀有といえる。現実の危機を見据えた戦略的な論理、長期的な時間軸を持ったビジョン、そして抵抗勢力を恐れぬ勇気と粘り腰。井崎さんとお会いし、この人は普通の政治家とは違うと感じた。

子育て共働き夫婦の最大の悩みを解決する

では、実際にどうやってDEWKsを流山市に惹きつけたのか？　流山市は、つくばエクスプレス（TX）で秋葉原から20～25分、「都心から一番近い森のまち」として緑に囲まれた生活環境の良さをアピールし、さらに保育所の定員を大胆に増やし、市の2つの主要駅から各保育所へバスで送迎するハブ・システムを作り出すことによって、子育て共働き夫婦の最大の心配事である保育所問題の解決を進めた。

「母になるなら、流山市。」というユニークなキャッチ・コピーを2010年に発表。それ以来、認可保育所の定員数を格段に増進させてきた。2009年時点で1669名だった保育所の定員数は、2016年には4037名にまで増大、7年間でかなりの勢いでキャパシティ強化を図った。待機児童ゼロに向けて本気である。

保育所を新たに整備する際、その立地は必ずしもまちの中心部に近いものばかりというわけにはいかない。そうなると親たちは子供の送り迎えが大変になる。保育所の数だけ増えても不便では用をなさない。そこで流山市が打ち出したのは、市の2つの中心駅をハブとして、そこから

流山市住民誘致のキャッチコピー

各保育所に送迎する「駅前送迎保育ステーション」と呼ばれるシステムの導入だった。親は出勤するときに駅まで子供と一緒に来て、駅前にある送迎保育ステーションに子供を預けるだけ。後はバスで送迎保育ステーションから所定の保育所まで子供たちを連れて行ってくれる。バスは現在5台導入、利用者は毎日200人以上、利用料金は1日100円（月額2000円）である。帰りも各保育所から子供たちを駅前の送迎保育ステーションに送り届け、最大夜9時までの延長保育で預かってもらうことが可能だ。共働きの親にとっては非常に助かるしくみである。

人口増加にはTX開通の効果はもちろんあるが、人口指標で見る限り、流山市はTX沿線都市の中でも明らかに勝ち組である。その成功は単に外部環境の効果だけに起因するものではない。子育て世代の共働き夫婦から選ばれるまちを目指すという明確なターゲティングが実を結んだのである。

流山市の送迎保育システム

民間人材を起用し、自治体初の「マーケティング課」を設置

こうした流山市の人口戦略の中核を担っているのは、行政ではあまり聞きなれない「マーケティング課」という組織である。井崎さんは、流山市の経済社会における存在価値を明確にポジショニングし、しかるべき人たちにアピールしていくための戦略部門として、２００４年にマーケティング課を設置した。

井崎さんは、このマーケティング課設置の準備段階において、自ら講師となり、マーケティングとは何かに関する勉強会を庁内で半年間開催した。「世の中にメインターゲットを設定しない組織はない」と語る井崎さんは、「全ての市民」などという抽象的存在は実際にはないこと、その市民はどんな人で、どこにいるのかを具体的にイメージし、「誰に、何を」するのかを明確にするよう、職員に何度も訴えかけてきた。だが、平等や公平性の原理が染みついた行政組織の中では、こうした考え方が容易に理解されない。行政職員はターゲティングという思考に慣れていな

いし、受け止められなかった。

井崎さんは、これから前例がない施策を推進していくためには、固定観念に囚われた市役所内部の職員だけでは難しいと感じた。そして民間から任期付きで、マーケティング課長、シティセールス推進室長、報道官の3名をキャリア採用することにした。市役所内部からの反発のすさまじさを想像していた井崎さんは、この採用にあたって「打たれ強いかどうか」を何度も確認したと言う。採用者には「絶対に打ち勝つつもりでやってくれ」とお願いした。

「行政がこんなことをしていいのか」、「こんなことやらせてたまるか」という意識を持つ職員も少なくなかったという。そうした抵抗を抑えて、思い切って政策を進めなければならない。市長室のすぐ近くにマーケティング課を置いたのも、そうした意志の表れだろう。

井崎さんは、首都圏の各都市の勢力地図を読み解きながら、流山市の戦略的ポジショニングを「都心から一番近い森のまち」と定め、これをブランド・コンセプトに据えた。流山市にはゆったりした戸建て住宅が多く、公園や緑地などの緑化資源が豊富にある。だが良質な資源もそのままでは価値が潜在化したままだ。外からどう見えるか、魅せていくか、という視点が欠けている。マーケティング課は、流山市が持っている森・緑、文化、健康、心地よさ、学びの機会などの資源に磨きをかけ、それらを「見える化・魅せる化」することによって、流山市の認知度と交流人口を拡大することを目標に活動を展開した。「森のマルシェ」、「森のナイトカフェ」、「流山市民まつり・森のフェスティバル」、フェイスブックページ「森のまちに住む」など、森のブランドイメージを活かした統一的なイベント展開はその1つである。その結果、2005年度にイメージ向上のためにゼロからスタートしたイベント参加者数は、2015年度には約15万人まで拡大、市外からの来場者比率も5割程度にまで拡大した。

「これは壁じゃない、扉だ」

「20年後、30年後を構想して具体的に取り組む。任期4年の市長は次の選挙を考えないわけにはいかないが、選挙にとらわれ有権者の声に対応するだけでは都市の質と格を上げることはできない」と語る井崎さんの目は、流山市が長期的に目指す姿を捉えている。日本の多くの都市が、定住人口や、交流人口さえも将来的に減らしていく中で、流山市はこの集団から抜き出た存在になろうとしている。

まちの総合プロデューサーとしての、ブランド・コンセプトの決定、メインターゲットの設定、埋もれた資源の価値を引き出す演出、どれも素晴らしい。そしてそれらを、「母になるなら、流山市。」というメッセージで表現したことも秀逸である。だが井崎さんが最も凄いのは、これを民間企業の経営ではなく、自治体経営という立場でやりきったことにある。民間企業ですら「選択と集中」のリストラクチャリングは困難であり、相当の勇気と覚悟を持った経営者にしかできない。まして自治体である。ターゲットやマーケティングという概念が容易に受け入れられない世界であり、強い抵抗が渦巻き、選挙によって洗礼を受ける世界である。今は、どのまちでも高齢者が圧倒的多数で、高齢者のためのまちづくりが自ずと優先されるが、それだけでは未来にわたって持続可能なまちづくりはできない。ブレない思想を持ち続け、常識に屈せずに取り組み続けてきたことこそ、井崎さんの凄さだと思う。

「試行錯誤と闘いの連続、成功事例なんてとんでもない」と井崎さんは謙遜する。

かつては、抵抗する幹部職員やお手並み拝見モードの職員が多かった。しかし徐々に、着実に、同じベクトルの職員が増え、より少ない職員数で、より多くの仕事を、より短時間にこなせるようになってきた。

「これは壁じゃない、扉だ」

市長室の壁に飾られた色紙にはそう書いてあった。

フィリピンの貧困街に100のビジネスを立ち上げる国際起業家

援助よりも、ワクワクする仕事の創造

株式会社ワクワーク・イングリッシュ代表の山田貴子さんは、大学4年生のときフィリピンを訪ね、路上の子供たちとボールで一緒に遊び、スポーツを通じた楽しさを教えようとした。子供たちは笑顔で楽しんでくれた。

ところが、その子の母親に「あなたと1日遊んでいたせいで、子供は働くことが

できず、私たちは今日食べるご飯がないんだよ」と言われる。この時、山田さんは自分がやっていることはただの自己満足なのだと気づいた。「この子たちを本当に助けたいなら、単に遊んであげるとか、食べ物をあげるとか、お金をあげるとかでなく、彼らと一緒になって良質の働く機会を作らねばならない」

フィリピンの貧困率は依然として高く、学校に通えず労働を強いられている子供たちがまだまだ多い。小学校の入学率は、見かけ上約9割に達しているが、交通費が払えないなどの理由から脱落を余儀なくされている子供たちも多く、卒業できる子供は約6割にまで減少してしまう。児童養護施設やNGOはフィリピン全土に約10万もあるともいわれるが、それだけの数があっても、保護を受けられずに、路上で飢えに苦しむ子供たちがあとを絶たない。

なぜなのか？　山田さんは、現地NGOの支援メカニズムを観察し、「路上から保護できる子供の人数は、既に支援されている大学生が自立していく人数に依存している」ことを知った。大学生1人あたりの費用は学費が高いために、新しく路上から保護される子供の費用の3倍もかかる。ならば、児童養護施設の大学生が働いて自活する道をつけることが、路上生活児童を新たに救う道になる。ではその大学生たちに、どんな仕事を作ることができるだろうか？　山田さんはまず、スカイプを通じた国際的な英会話事業にその可能性を見出した。

プロフェッショナルに誇れる、オンライン英会話講師に

フィリピン、セブ島の児童養護施設にいる大学生たちに、英会話講師として必要とされるスキルを300時間のトレーニングを通じて伝授する。その後、彼ら彼女らは、スカイプを通じて、日本の小中学校の生徒（ジュニア）向けに英会話レッスンを提供する。英会話講師として収入を得た児童養護施設の大学生は自活し、NGOはその分の浮いた援助予算で、路上で生活するストリート・チルドレンを新たに3人保護できる。

このビジネスモデルを回転させて、できるだけ多くの路上生活児童と共に、彼ら彼女らのワクワクする夢を実現することが、山田さんの目標だ。同時に、児童養護

施設の大学生に自活の道を切り拓き、後に続く幼い子供たちに希望を与える。「生まれた環境に関係なく、誰もが自分の心のワクワクに正直に、夢を実現できる社会を作りたい」と山田さんは語る。

ワクワークでは、まず、児童養護施設の学生をトレーニングする現地のプロの英語教師を採用した。この人たちは、大学を卒業して教員免許を持ち、他の語学学校で数年間勤めた経験のあるベテランの教師たちである。このプロの英語教師たちは、自ら、日本の企業人や大学生向けに、スカイプを通じて英会話レッスンを提供するとともに、児童養護施設の大学生たちに、約3ヶ月間から半年間、英会話講師としてのトレーニングをみっちり行う。トレーニングを積んだ児童養護施設の大

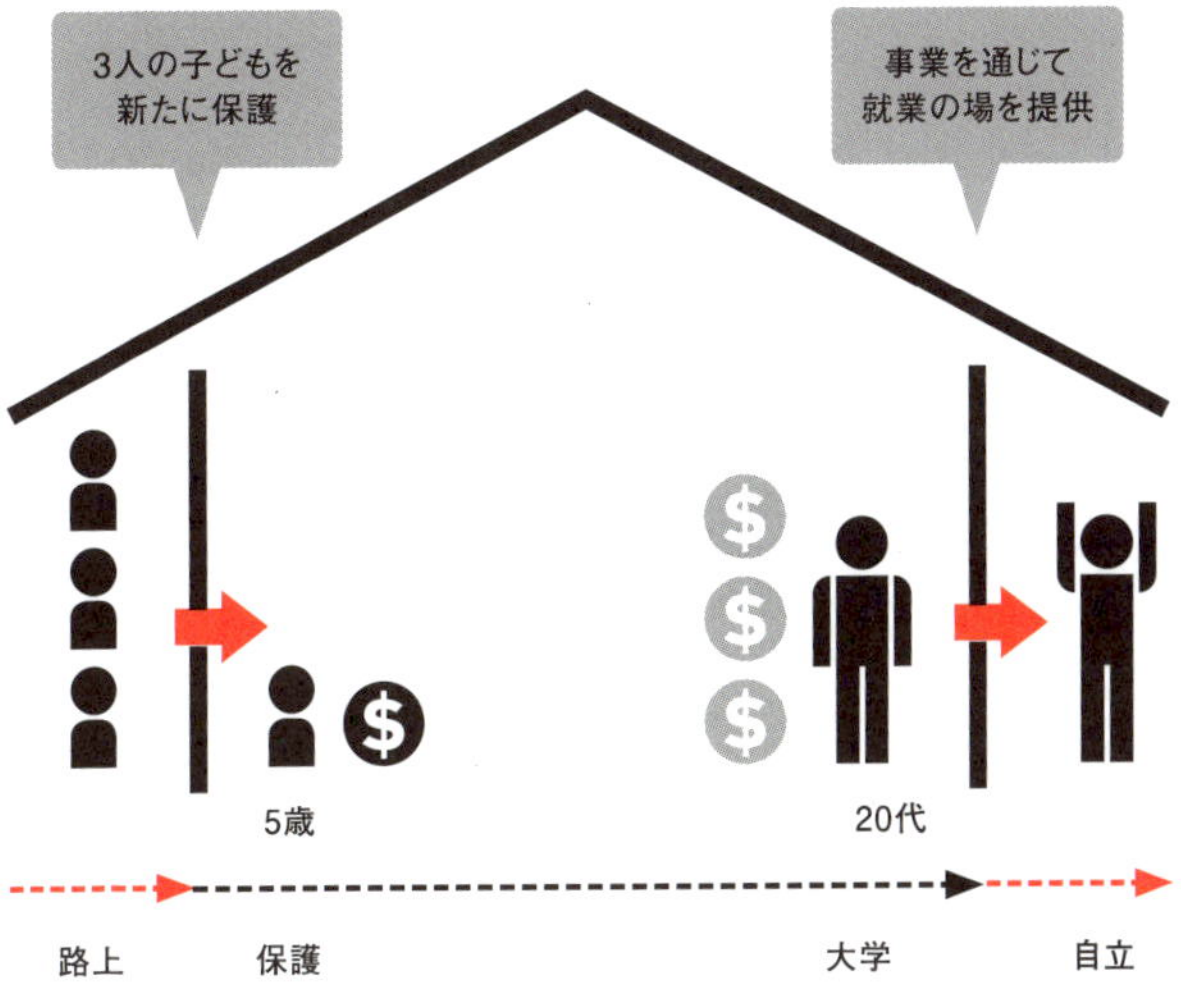

ワクワークの目指す貧困街支援モデル

学生たちは、日本の小学生から中学生向けのジュニアコースの講師担当としてデビューしていくのだ。

スカイプ英会話事業者の多くは、地元の大学生ら（講師役）と日本人のユーザー（生徒）をウェブ上でマッチングさせて、歩合制で講師に報酬を支払うビジネスモデルである。講師を数百人単位で組織しているケースもあるが、通信回線などは講師負担であり、人材を変動費として扱っている企業が多い。これに対してワクワークでは、50人の講師（うち現在、NGO出身の学生は19名）を常勤の固定給で雇い、通信インフラも組織として整備している。ワクワークの講師たちは、授業をしていない時間には、教材開発や、次のプロジェクトについて熱心に話し合っている。

未来創造型旅行事業

だが山田さんは、児童養護施設や貧困街の学生たちが自活するための就業の出口として、英会話講師だけでは不足だと感じている。もっと種類が必要だ。もっと様々な事業を起こさなくてはならない。山田さんは児童養護施設の子たちの将来の夢を叶える100のビジネスを立ち上げたいと考えている。

既に、英会話事業以外に、コミュニティカフェとしてWAKU MAMA CAFEを立ち上げている。このカフェは、「ワクラーニングジャーニー」というプログラムを通じて生まれた。ラーニングジャーニーは、日本から参加するメンバーと、貧困街のお父さん・お母さんが一緒に、それぞれのやりたいことを語り合いながら、一緒に事業を立ち上げていく「未来創造型旅行事業」だ。

期間は1週間、2012年以来、これまで大学生や社会人など500人以上が参加している。フィリピン人と日本人が、ライフストーリーを共有したり、丁寧に対話を繰り返しながら、お互いが対等な立場で、信頼できる関係性を築いたのちに、共にどんな未来を創りたいか、様々なプロジェクトを共創(Co-Creation)していくプログラムだそうだ。

興味深いことに、日本からの参加者のスタンスが「何が足

スカイプを用いた英会話事業

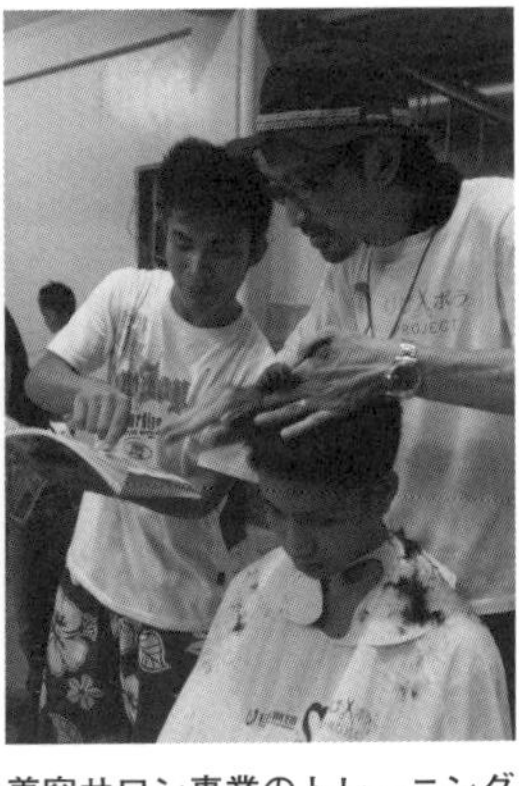

美容サロン事業のトレーニング

りなくて、「何が必要なの？」といった従来型の援助発想の場合、うまくいかないそうだ。一方的な援助発想ではなく、相互の語り合いの中でそれぞれの人生を共有し、深いところでつながってから、それぞれができることを持ち寄り、一緒に事業を作り上げていくというやり方が、事業実現の鍵だと山田さんは感じている。

また山田さんたちは美容院事業もスタートした。日本の美容技術はフィリピンのそれとは比較にならないほど高い。日本の美容師の最先端のカット技術を目の当たりにした児童養護施設の子供たちは驚き、将来美容師になりたいという夢をもった子供たちがたくさん現れたそうだ。山田さんは、その子たちの夢を叶えるために、美容院、ネイル、マッサージの3つの複合事業からなる本格的な美容サロンをNPO全国福祉理美容師養成協会と一緒に開設した。

貧困街に、学び、働くことができる、ラーニングセンターを建設

さらに山田さんたちはビッグプロジェクトへ動いた。2013年、日本の大手民

間企業から資金協力を引き出し、ロレガという貧困街に、ラーニング、トレーニング、ワーキングの3つの要素をもった、就業能力開発と事業創造のためのキャンパスの建設を始動。「ワクワークセンター」と命名するこのキャンパスには、英語教師になりたい人、美容師を目指す人、ITを勉強したい人など、様々な就業を目指す現地の人々が集まる。さながら100の事業創造に向けたインキュベータだ。

センターのデザインを担当したのは、世界的にも有名な建築家、手塚貴晴さん、由比さんご夫妻。2016年夏に完成予定で、1階はカフェとデイケアセンター、2階は様々な職業訓練と起業家育成支援センター、3階にはオフィスが入る予定だ。「ここで学んだ子どもたち、若者たちが、生まれた環境に関係なく、自分の心のワクワクに正直に、未来を選択できる社会をつくりたい。そして、このセンターで学んだ子どもたちが、自分の生まれた街や島に帰り、コミュニティに還元できるような循環の仕組みをつくりたい」と山田さんは目を輝かせている。

「ワクワークセンター」の完成図

顧客のボヤキから世界初の商品を生み出すしくみ

「何なんや？　何してんのコレ？」と思わせたら勝ち

まるでゴーカートみたいな四駆の草刈機を作り、しかもそれを「草刈機まさお」と名付ける。楽しそうだ、乗ってみたくなる。「隣のおじさんと草刈り競争をしたら、絶対に負けないよ。勝ちたいでしょ？」と笑うキャニコムの包行均（かねゆきひとし）会長は、お客さんのボヤキから次々と商品を生み出す達人だ。

農作業にデザインや遊び心なんて不要だ、という声はある。しかし、そういう決めつけ自体が、農家を馬鹿にしているのかもしれない。包行さんは、農業にも個性や楽しさを追求している。キャニコムの商品パンフレットには、「何コレ?」と思わず突っ込みたくなる商品やネーミングが満載だ。つい誰かに話したくなるし、お客さんとの対話を自然と豊かにしてくれる。またマスメディアが面白がって取材にやってくる。大きな広告宣伝費をかけられない中小企業にとって、メディアを味方につけることのメリットは計り知れない。マスコミに取り上げられ、広く知られると、こちらから売り込む必要がなくなる。キャニコムの営業マンは、販売店だけでなくテレビ局や新聞社にまでパンフレットを持っていく。「何なんや? 何してんのコレ?」と思わせたら、キャニコムの勝ちだ。今や、キャニコム製品のほとんどがお客さんからの「指名買い」である。

ゴーカートのように楽しそうな四駆の「草刈機まさお」

顧客満足ではなく、超顧客満足を生み出す「ボヤキズム」

お客さんの潜在的欲求をグッと捉えたユニークな製品の開発はいかにして可能となったのだろうか。実は、キャニコムの経営システムの中心には「ボヤキズム」という独自の方法論が存在する。ボヤキズムとは、お客さんが何気なくふと漏らす不満や不平を聞き逃がさずにビデオで録画して、営業が持ち帰り、それをお客さんの切実な願望・要望として開発に取り組む義理と人情の経営である。キャニコムでは、20年程前からのお客さんのボヤキを動画にして活用しており、それをもとに世界初・業界初の商品開発を進めている。

キャニコムでは、営業の第一の仕事は、お客さんのボヤキをとってくることだ。これがなかなか難しい。本当に困っていることや強いクレームは、もうお客さんが言っている。そこまではいかない、声になるかならないかのつぶやきの中に願望や要望が隠れている。隠れている情報は、長時間覚悟で腰を据えて会話をしなければ引き出せない。「お客様はどんな形でボヤくかわからないからね。お客様のボヤキを見過ごさないように」、包行さんは営業にボヤキズムの神髄を伝える。

包行さんによると、お客さんのボヤキが自分のところに届く頃には、普通の方法だと課長、部長と経由するうちに「味」が変わってしまうという。「塩とか、胡椒とかの味付けをしたり、はては三枚におろしたりする奴までいる」と言って包行さんは笑う。包行さんがボヤキズムの手法としてビデオカメラを導入したのは、お客さんのボヤキに新鮮なまま触れたいからだった。ビデオで見ると、相手の言うことがナマでわかる、感情がリアルに伝わってくる、こういう使われ方をしているのかと目から鱗が落ちることもある。

素晴らしいしくみだが、その舞台裏にはいろいろな苦労があった。よくボヤいてくれるお客さんも、ビデオカメラを向けると突然緊張してしゃべれなくなってしまう。せっかくしゃべってくれているのに、方言がわからない。そんな中、3年ほど続けてみたら、お客さんも営業マンもこのやり方に慣れてきて、ボヤキを拾える強力なツールに育った。今、キャニコムには世界42ヶ国からビデオが送られてくる。編集担当者を1名置いているが、それでも膨大な量だ。包行さんは、「ボヤキのビデオを見る時間のために ゴルフをする時間が減ってしまったよ」と笑っていた。
お客さんのボヤキなら何でもいいわけではない。包行さんは、ボヤキの中でも特に「前向きなボヤキ」に注目する。前向きなボヤキとは、お客さんの「もっとこうだったらいいんだがなあ」というプラス志向の要望を含むボヤキのことである。逆に低価格一辺倒のマイナス志向のボヤキを聞いても、開発意欲にブレーキをかけるだけになる。「前向きなボヤキと後ろ向きのボヤキを見極めることが大事」と包行さんは言う。

ボヤキは、掘り起こせば奥が深く、商品作りの最高のネタになる。実際、お客さんのボヤキをもとに、改善、改良を繰り返し、次第に進化していった商品がキャニコムには多数ある。ただし、ボヤキがそのまま新商品開発につながるほど甘くはないという。ボヤキを材料にして、新商品開発につなげるには、また別の勘や能力が必要だ。「そんなの作って本当に売れるの?」という社内の声と常に闘わなければならない。これは営業と開発とのやりとりだけでは決まらないので、最後はトップが決めるしかないという。

キャニコムの新商品は、お客さんのボヤキを材料にしつつ、ボヤキを超えるものを目指す。「サプライズがあってこそ、作る価値がある」と包行さんは言う。だからボヤキをデザインした商品を最初にお客さんに持っていく時、包行さんは、お客さんの顔色、反応を絶対に見逃さない。もしお客さんが、「ああ、ありがとう。今頃できたのね」という顔をしたら、これはダメだと考える。「エーッ、何コレ？凄いね！」という反応をしたら、包行さんは「ヨッシャ！　あと三年は行けるぞ」と判断し、新商品の次期増産体制に入る。キャニコムは、いわゆる「顧客満足」は眼中にない。目指すは「超顧客満足」である。

「プロムナードコンサート」という名の営業

キャニコムは営業手法も一味違う。大手メーカーは販売店経由で製品を販売できるが、中小企業であるキャニコムは販売店にお願いするだけでは製品はまず売れない。だからキャニコムは自らの企画で潜在ユーザーを集める。現場に出かけて行って、お客さんには散歩気分で集まってもらい、その場で傾斜30度の坂の草をグングン刈ってみせる。スカッと気分爽快だ。そしてお客さんと一緒におにぎりを食べて、話に花が咲く。キャニコムではこの現場訪問による青空の下での実演販売を「プロムナードコンサート」という名前で呼び、約50人の営業マンで、実に年間3650回を目標に活動している。

集まるお客さんは数人の場合が多いという。営業対お客さんが1対1ならキャニコムは新品をおろして持っていく。「あなたのために持ってきた」と言えば必ず買う。1対2でも2人のうちどちらかは買うと包行さんは自信を隠さない。「むしろ100人も集まると、みんな誰かが買うだろうと思って、結局誰も買わないんだよね」と笑う。買わないときでも、農家の人たちは気持ちの良い人が多いから、今回は事情があって買えないけど次に買うね、といった会話になる。こうした深く人間味のある交流は、次の商品開発にもつながっていく。

海外進出するときに威力を発揮するのも、この実演販売手法だ。途上国にはそもそも市場がないから、代理店と契約しただけでは売れない。自分から出て行って、まずやってみせ、凄いと思わせないと話が始まらない。フィリピンのある村で草刈機の実演販売をしたときのこと。そこは背の高い藪で、木の根っこがあちこちにあり、もう草だか木だかわからないような荒れ地。変な虫もうじゃうじゃいる。これを刈ったら機械を買ってやると言われたが、持参した草刈機では十分に対応できない。「今日は終わり」と告げ、すぐに草刈機を現地に合うようカスタマイズし、翌日にはその草刈機でどんどん刈ってみせた。キャニコムは途上国の困難な環境下でも、何度も機械を強化改良して持ち込み、契約にこぎつけるまで実演を続ける。

義理と人情の「演歌工場」

キャニコムは工場も驚きだ。工場のメインストリートは「演歌の花道」と呼ばれ、壁には「義理と人情」とか「浪花節」といった言葉があちこちに見られる。これは一体何なのか？

包行さんは、昔、〝流し〟をやっていたことがある。じいちゃんが酒場であれ歌え、これ歌えといい、1曲歌うと1000円くれる。酒も飲ませてくれる。これはありがたいと思い、リクエストに応えるために必死で曲を覚えた。カラオケは自分の持ち歌を自分勝手に歌うだけだが、〝流し〟はリクエストする酔ったお客さんのそのとき、その場の気持ちを巧みにすくい上げ、心を込めて歌うものだ。この〝流し〟の心こそが、ものづくりの精神だと包行さんは思った。ここから、「ものづくりは演歌だ」というキャニコムの経営哲学が生まれる。そしてその哲学を反映したのが、キャニコムの本社工場、別名「演歌工場」だ。

演歌工場には、普通の工場でよく見かける生産管理系のグラフがない。なぜだろうか？「生産性を上げるのに、グラフなんか要らない」と包行さんは言う。代わりに工場内のあちこちに貼られていたのは、お客さんたちの顔写真であった。工員の生産性を高めるのは、数字ではなく、お客さんを想う気持ち。

また包行さんはこうも言った。「テレビ局が撮影に入ると、工場のスピードも品質も上がる」。自分の仕事にスポットライトがあたることは誰でも嬉しい。テレビに映れば家族も喜ぶ。話題になる商品を次々と生み出し、マスメディアに注目されるようになることは、売り上げアップのみならず工場の従業員のモチベーションアップにもつながっている。

キャニコム流、未来創造のパターン

包行さんとの対話は、終始笑いに満ちていた。キャニコム・マジックにハマってしまったのかもしれない。しかし笑いの中に、見逃すことのできない未来の経営手法が潜んでいた。注目すべき第一は「ボヤキズム」である。お客さんのボヤキを動画で新鮮なまま集め、それを材料に次の一手を探る。分かりきったマスのNeedsを調査するのではなく、1人の心の奥底にある見えないWantsから世界初・業界初の製品を発想する。

第二は、顧客満足ではなく「超顧客満足」にフォーカスしていることだ。顧客満足と言われると、「お客様は神様」と考えてしまい、どうしても受け身になる。

キャニコム本社工場内には、お客さんの顔写真が溢れている

また顧客満足を測る指標は常識的なものになりがちだ。しかし、お客さんのNeedsに従うのではなく、お客さんをビックリさせたいという超顧客満足に対する情熱は、メーカーのものづくりに対するモチベーションのありようを変える。

第三は「ニュースになる経営」である。お客さんのボヤキから生み出す新商品、ユニークなネーミング、話題性のある工場など、外の人たちから注目されることによって社員はますますやる気を高める。数値で管理するよりも、みんなが注目しているぞという環境設定が、自らを律し成長に導く大きな原動力になることをキャニコムの経営は示唆している。

100年の時間軸を持つ金融

金融によって社会にどういう価値をもたらしたいのか？

鎌倉投信の鎌田恭幸代表取締役社長は2008年1月に大手外資系の資産運用会社を辞めた時、自分の職業の意義について自問自答していた。

「フローベースの短期志向の投機は本来的な価値を生まない。目に見えないものをきちんと見ていかないと、企業の本当の価値はわからない。財務諸表では見えない価値が企業の本当の価値。本当に価値あるものに根差した投資の在り方、信頼に根差したお金の循環が必要だ」

「日本には世界に誇れるようないい会社がたくさんある。そういういい会社の発展成長を永く応援する投資の在り方を目指したい。金融が健全に機能しないと社会は良くならない」

「お金に色はないが、使う人の色に染まる。お金を通じて伝える力というものが確かにある。金融を通じて社会にどういう価値をもたらすかが大切だ。短期的な鞘取りではなく、金融を通じて社会に希望と勇気を与える力になりたい」

「今、日本は様々な社会課題を抱えている。規模に関係なく、本業を通じて社会課題を解決しようとする企業群こそがこれからの日本に本当に必要とされる。そういう企業を長期間にわたって応援していく金融が必要だ」

鎌田さんは、かつての同僚に声をかけ、自ら培った経験を支えに、これまでとは異なる投資信託委託会社「鎌倉投信」を立ち上げる覚悟を決めた。

「いい会社」って何？

鎌倉投信が運用する投資信託「結い２１０１（ゆいにいいちぜろいち）」の投資先企業選定基準は、「人」、「共生」、「匠」の３つである。「人」とは、障がい者、高齢者、女性などの人財を活かすとともに、社員のモチベーションを高めている企業。「共生」とは循環型社会を創造する企業で、環境、自然エネルギー分野や、農業、林業といった第一次産業分野や地域の活性化において優れた取り組みを行う企業。そして「匠」とは、グローバルな視野からみて付加価値の高い独自の技術、サービスを持っている企業だ。これら３つの基準から企業を評価して組入れ銘柄を決めている。

また鎌倉投信では、投資によって得られる果実（リターン）を「資産形成」×「社会形成」×「豊かなこころの形成」の３要素で捉えている。すなわち株価や配当、基準価額といった数値上の結果だけでなく、「いい会社」に投資し「いい会社」が増えることによってもたらされる社会へのプラスのインパクト（社会課題解決、地域貢献、雇用創出など）を投資の果実と捉えるとともに、そうした価値創造企業に主体的に関わっているという個人投資家の実感がこころの満足度を増大させ、ひいては人間性をも高めることにつながることが、大きな意味での「投資の果実」だと考えている。

では、鎌倉投信の「結い２１０１」は、一般的な社会貢献ファンド（ＳＲＩファンド）とは一体どこが違うのだろうか。鎌田さんによると、ＳＲＩファンドは一般的に形式的、総花的、網羅的であり、その投資先は大企業が中心になっているという。「オール５じゃなくていい。ＣＳＲレポートで美しく飾るような企業に興味はない。社員をリストラして浮いたお金で森林保全をしても意味がない。規模は小さくても実質的で永続的な、本業において社会課題を解決する企業を選んで投資していく」とその投資哲学を語る。

投資家と投資先の「顔の見える関係性」にこだわる

鎌倉投信は「公募型」、「投資信託」、「直接販売」という3つのポイントにこだわっている。不特定多数が少額から参加できる「公募型」にしたのは、多くの人が小口からでも参加できる枠組みを作りたかったからだ。さらには、購入者の数がだんだんと増えて、そうした受益者が投資先の「いい会社」を知ることによって「結い2101」の社会的な影響力やメッセージ性を高めることができると考えたためだ。単に資金量の大きさだけではなく、何万人という受益者の数が示す「投票」にも似た社会的意味合いを大事にした。

また「投資信託」にしたのは、投信は満期をなくすことができるため長期的な投資、極端に言えば無期限の投資が可能であるためだ。「100年続く投資信託で、300年続く『いい会社』を応援したい」と鎌田さんは言う。また投信であれば成熟した企業と将来花開く若い企業とを組み合わせて事業サイクルを分散し、トータルなリスクを緩和できることも理由だ。現在、限られたリスクの中で非上場の企業に数社投資を行っている。こうした、若い企業への投資といえば、通常ベンチャーキャピタルが真っ先に思い浮かぶが、その投資期間は約7年程度である。若い価値ある企業の中にはもう少し長い目で応援したほうが成功確率を高められるケースも多く、投信の持つ無期限性を上手く使えばそれが可能になる。

3つめにこだわったのは「直接販売」。銀行や証券会社等の販売会社を介さず、直に投資家の人たちへ鎌倉投信の考え方や想いを伝えながら販売していくためだ。一般に金融商品というのは全て数値で表現されることが多く、自分がいったい何に投資しているかわからなくなっている人が多い。投資の経済的な結果だけに関心が集中していて、投資の中身については関心が薄くなってしまい、極端な話、儲かれば中身などどうでもいいという人もいる。鎌倉投信は投資家と投資先の会社とが信頼で結ばれる「顔の見える関係性」を意図的に構築していった。投資の「手触り感」を大事にし、投信を通じた自分の投資先を目で、耳で、肌で感じとる機会をできるだけ作っていくようにした。例えば、受益者による「いい会社訪問」を定期開催したり、「受益者総会」で投資先の経営者に講演してもらったりするなどして、そこで経営者の人柄に触れたり、取り組んでいる事業を深く知ったりすることができるようにしている。

良い運用パフォーマンスは、運用者だけでは作れない

こうした鎌倉投信の投資哲学に、30代、40代の個人投資家がまず動いた。彼らは会社組織に依存せずに自分の足で立つという意識を持ち、SNS等を通じて自ら情報発信も行う。鎌倉投信では約1万5000名の受益者のうち30代、40代が約半数を占め、これは一般的な投資信託保有者像に比べてかなり若い。まさに次世代を象徴する投資信託である。現在「結い2101」の運用金額は約230億円、投資先企業数は約60社にまで拡大中である。

「結い2101」の運用成績はどうであろうか。2011年3月〜2016年3月までの5年間、「結い2101」の年換算リターンは8・6%であり、同期間におけるTOPIXの年率換算リターン5・2%と比較して高い。また価格変動リスク

がＴＯＰＩＸの半分に抑えられている結果は安定した成果を上げてきたことの証左と言える。一般には「社会性と利益性が同一方向で成りたつのか」という疑問が持たれることが多いが、「いい会社は利益を出し、資産形成になることを証明したい」と鎌田さんは考えている。

鎌倉投信では、リスクを年率10％以内に、リターンを年率４％（信託報酬控除後）程度にすることを目標に運用しており、販売手数料はゼロ、信託報酬はアクティブファンドとして投資家にお願いできるぎりぎりの水準である１・０８％にとどめている。「結い２１０１」の好成績を支えているのは、思想が良いからだけではなく、裏に外資系運用会社で培ったプロの技術があるからだ。「プロ

鎌倉投信の本社

のプロたる所以は、どんな環境下でもマイナス幅をいかに小さく抑えられるか、マイナスの期間をいかに短くするかです。市場が大きく値下がりした時はむしろ普段より多めに購入するようにしています」

ただし「良い運用パフォーマンスは、運用者だけでは作れない」と鎌田さんは言う。「値下がりした時に不安にならず、逆にファンドを購入してくれる顧客がいることで、ポートフォリオがキレイになります。良質な顧客は運用パフォーマンスを底上げします」

確かに、運用パフォーマンスは顧客と運用者が一緒に作るものなのだ。鎌倉投信の顧客は、大震災後の暴落局面でも早急に解約を求めたり、資産の目減りを極端に心配したりした人は皆無だったという。その時々の感情に流されて解約したり購入したりする投資家が多ければ、質の高い金融商品にはならない。

「どういった性質の投資家と共に歩むかが何よりも大切です」と鎌田さんは語る。

涙を減らす保険

飼い主の「涙を減らす」保険

保険の基本機能は、リスクに対する相互扶助にある。つまり加入者全体で悲しみに出会った人に対する補償を支える。これはこれで大事な機能だ。だが保険があっても病気や事故などの社会のリスクそのものは増えもしないし減りもしない、すなわち保険はリスクに対して中立的なものだと考えられてきた。

だがはたしてそれでいいのだろうか、とアニコム ホールディングスの小森伸昭社長は思った。本当は、保険金を受け取って幸せな人はいない。保険金を受け取るということは「病気をした」「事故が起きた」など何らかの悲しい出来事が身の回りに起きているからだ。保険会社は事故の類型化と分析をやっているのだから、二度と同じ悲しみを繰り返さないように社会に情報を提供することで、ガンが減ったとか、事故が減ったとかリスク自体を減らし、社会目標に能動的に貢献できるはずだ。

小森さんは、事故や病気を予防することを「涙を減らす」こととし、お客さんの「涙を減らす」ことをミッションに掲げた新たな保険会社を立ち上げた。その第一歩として小森さんはペットという保険分野を選び、そこで動物の疾病に関するビッグデータを分析し、契約者へOne to Oneで情報提供するという予防型保険サービスを実践している。ペット分野を選んだのは、人間ほど、プライバシーを気にすることなく大量のデータが収集できるためでもある。何を食べているか、体重はどのくらいか、どんな血統か、どんな病歴があるか、どんな性格か、動物のこうした情報とアニコムのペット保険の年間200万件におよぶ保険金支払いデータをうまく活かせれば、予防型のアクティブな保険サービスができる。

例えば犬の種類や年齢などから、かかりやすい病気、起こしやすい事故などが見えてくるので、メールや電話で契約者に伝える。犬にも人間と同じようにジェラシー、甘えなどの心理があるので、そのペットの性格や心理も踏まえて会話する。例えば、気性の荒い犬種で注意が必要なときには、「男気があるから注意して下さいね」というように伝える。契約者からは「ペットとの絆が強まった」といった声も寄せられている。

アニコムでは収集したデータを分析して、日本で初めてペットの疾病に関する統計である「家庭どうぶつ白書」も作成し、年1回刊行している。アニコムの分析によると、この数十年でペットの寿命は格段に延びているという。猫だと20年、小型犬だと15年というのも珍しくない。昔は外飼いが多く、味噌汁をかけたご飯を食べ、蚊に刺されることも多かったが、今は家の中で飼うのが一般的で、快適な室温下での生活、総合栄養食、予防接種などによって、ペットは長生きするようになったのだ。他方で、人間と同じように、認知症、糖尿病、ガン、アトピーなどが増加しており、しかも人より速いスピードで進行するのだという。

方言で長電話するコールセンター

顧客とOne to Oneのコミュニケーションをとるアニコムのコールセンターでは、顧客が喜ぶ限り、社員に「長電話」をさせている。相手がOKだったら「方言」も使っていい。つまり、表面的な表現はどうであってもよく、それよりも「ラポール（信頼の絆）」、「優しさ」、「自分の言葉で話すこと」など、コミュニケーションの本質を大事にしているのだ。

なぜこんな変わった方針をとっているのだろうか。実は小森さんは学生から社会人（大手保険会社）になったとき、個性を消して、能面をかぶって生きているような大企業の社員に違和感を覚えたという。繰り返し反復することが是で、変化を好まない考え方。金融機関の40代や50代はみな同じように見えた。組織では「法人が親」という感覚が支配していたが、法人はもともと自然人が作った子供じゃないか。もっと個人の個性が出たままで組織を作れないだろうか。個人が出るようにした方が、結果としてお客さんとの揉め事も少なくなり、コストも下がるのではないか、そんな考えを小森さんはずっと抱き続けていたのだ。

アニコムの人材はみんな生き生きと仕事をしているように見える。小森さんは最初「金融」という枠組みで採用活動をしてみたのだが、あまり良い人材が集まらなかったそうだ。「金融志望の成績上位者はアニコムなんて小さな保険会社を選ばないですから」と小森さんは語る。次に「ベンチャー」という枠組みで採用活動をしてみたら、一攫千金を狙うような人材が多く、これもちょっと違うなと感じた。そこで最後に「動物好き集まれ」とやってみたらとても良い人材が採用できた。今や供給過剰で独立が難しくなっている獣医師や動物に関する仕事をしてみたいという良質な人材の受け皿となったのだ。そして動物好きな人材だからこそ、ペットについて顧客と親密なコミュニケーションがとれるのである。

アニコムのどうぶつ健康保険証は、人間の健康保険証と同じようなカードになっていて、ペットの顔写真がのっているユニークなものだ。ペットのIDみたいな感じだ。どうぶつ健康保険証に掲載するペットの写真は、好みのものをウェブサイトから自由に登録できるようになっている。

保険商品の流通コストというのは、訪問営業の説明コストなどのために高くなっている現状がある。もしこの流通コストを下げることができれば、その分保険金支払いを充実したり、保険料を安くしたりできるはずだ。保険証券や約款は細かな字でたくさん書いてあるが、内容がユーザーにわかりやすく伝わっているとはけっして言えない。本当の意味で説明責任を果たしていないのだ。小森さんは大学時代のある授業を思い出した。どんな複雑な化学式でも、自分の表情やしぐさを使って身体で説明する先生がいた。例えばベンゼン環の化学式なら、何にでもつながりやすい構造を持っていることを、両手両足を広げ懸命に表現していた。本当にすごい先生は難しいことをわかりやすく面白く伝えることができる。保険も同じだと考えた。アニコムはペット保険に必要な情報をカード1枚の中に表現した。複雑な説明は要らない。これによって流通コストが下がった。

革新は、わざと子供のふりをして現れる

生物学の世界に「ネオテニー」という言葉がある。生殖能力を持つ成熟した個体であるのに、一部の身体的特徴だけが幼いままであることを指すもので「幼形成熟」と訳される。小森さんはこれを「わざと子供のふりをする」と意訳して表現した。保険業界全体からみたら、ペット保険など保険の本流ではなく、可愛いものだといった感覚があるかもしれない。だが、小森さんが取り組んでいる、大量のデータ分析によって世の中の病気や事故の予防に貢献する新しい保険会社というビジョンは、はたしてペット保険だけに止まるものであろうか。たまたまペット保険からスタートして、今は子供のふりをしていると捉えることはできないだろうか。あの保険に入ったから怪我をしなくなった、健康になった、キレイになった、長生きするようになった、そんな保険が出現したらみんな驚くだろう。リスク因子を減らし、涙を減らし、笑顔を支える保険。「涙を減らす保険」という小森さんのビジョンは、

今後、ペット保険だけに止まらず広く保険業界の価値創造のありかたを変えていく可能性すら秘めている。

Chapter 3

革新者が持つキラー・スキル

Chapter 2でみたような独自の切り口を持つ未来のビジネスモデルは、いかにして生み出すことが可能なのか？　革新者たちはどのような思考パターンやスキルを駆使しているのか？　100人の革新者たちがそのイノベーションの遂行において用いている7つの超重要スキルのことを、ここでは革新者の「キラー・スキル」と呼ぶことにする。

経営管理者と革新者では、キラー・スキルが決定的に異なる

ゼロからバージョン1を創り出す革新者の世界

革新者がそのイノベーションの遂行に用いるキラー・スキルは、実は大企業の経営管理者が持つマネジメント・スキルとは全く異なる。

なぜか？　仮に、生まれたばかりの新しいビジネスモデルをバージョン1、成熟

し、いわゆる大企業病に陥った事業（企業）をバージョン100とすると、一般に経営管理者が棲む世界はバージョン30とか、50とか、場合によっては90といった経営の世界である。そこではなるべくリスクを取らずに、より高い利益率を実現する経営へのバージョンアップが求められる。

これに対して革新者の世界は、ゼロからバージョン1を創り出す世界である。料理で言うと、既にあるレシピから料理を作るのではなく、新しい料理のレシピを作ろうとしている人たちである。こういう人たちは、創造性と修正スピードこそが生命線である。複数の事業アイデアを生み出し、走らせながら、もしそれが当たったら、どんどん攻める。ハズレたらビジネスモデルを組み替える。そこではリスクはあってあたりまえ、完璧性は二の次である。雑な感じがするかもしれないが、そうでないとバージョン1を生み出すことはできない。

「精緻なプログラム・コード」対「荒々しいデッサン」

このように経営管理者と革新者とでは、向き合う事業のバージョンが異なるため、期待される役割も、そこで発達するスキルも、さらには価値観までもが異なる。事業バージョンが異なるとは、たとえて言うと「精緻なプログラム・コード」と「荒々しいデッサン」ほどに違う。

「精緻なプログラム・コード」を書き換えていく経営管理者の使命は、極端に言えばデバッグやリスク回避をしながら利益を極大化することにある。こけないこと、潰さないことが最重要であり、新しいことに伴う不安要素を嫌う。できるだけリスクフリーで、より儲かるビジネスシステムへとバージョンアップする者が有能とされる。

これに対しバージョン1を荒々しくデッサンする革新者は、最初から書き直しややり直しを前提としており、失敗は実験プロセスに過ぎず、リスクは挑戦すべき課題に他ならない。革新者の仕事とは、そのデッサンの創造性や社会的インパクト、また実現に向けたファースト・アクションの実行力においてこそ評価される。

「転」を担う大企業経営管理者にもキラー・スキルが必要

異なる事業バージョンの世界に棲み、異なるミッションを帯び、異なる価値観と技術とを発達させる両者は「匂い」が違い、「肌」が合わないこともしばしばある。デッサンを描いている途中の人に、プログラム・コードの間違いを指摘するような「詰問」をしても意味がない。大企業とベンチャーとのコラボレーションがうまくいかない理由は、このあたりの根本的な違いを認識できていないこともある。しかし実は互いに違うからこそ互いを求めている。革新者の創造性、柔軟性、実行力などの「破壊的創造力」と、大企業の顧客網、信用力、投資力などの「スケールさせる力」は、どちらも片方だけではイノベーションの遂行不全となるが、もしうまくつながることができれば大きなイノベーションを実現しうる。

またたとえ大企業といえども、少しずつ事業のバージョンアップを続けていれば将来も安泰という状況ではあるまい。起承転結でいう「転」の局面に立つ事業、それを担う経営管理者は今や少なくないと思うが、こうした「転」を担う経営管理者は、実は「起」を担う革新者と同様のキラー・スキルを必要としている。

以下では、革新者の7つのキラー・スキルについてみていくことにしたい。

1. あたりまえを疑う

常識を学ばずして、常識は超えられない

革新者が持つキラー・スキルの1つめは「あたりまえを疑う」である。革新者は深い海に潜っていくように、自らが取り組む事業テーマに対して他の誰よりも深く考え抜く。そうやって考え抜いた先に、世の中や業界の常識とは異なる新しい切り口を発掘する。テーマを深く問い詰めていくその思索姿勢はまるで哲学者のようでもあるが、しかし革新者は思索するだけでなく実践することにこそ真価がある。

「常識とは、18歳までに身に付けた偏見のコレクションである」というアインシュ

タインの名言があるが、考えてみれば常識とは他人から正しいと教わった通念の集合体に過ぎない。他方、創造や革新とはその受動的な認知から脱却し、世の中の常識の何か一部を自分なりに作り替えていこうとする挑戦だと言える。時代とともに常識は変わってきたし、国によって常識が違うように、常識とは可変的である。常識とは、革新者たちによって塗り替えられていくものなのだ。

ただしここで1つ注意が必要だ。革新者たちは自らの取り組む事業テーマに対して本当に深く考え抜いた上で既存の常識を超える新しい着眼点を発掘しているのであって、若く血気盛んな時代にありがちな「常識なんて、クソ喰らえ」という反発精神とは全く違う。「世界を変えよう！」というありがちな青年の主張だけでは革新者にはなれない。つまり、常識を学ばずして、常識は超えられないのだ。ハッカーとは、現状のシステムを完璧に知った上で、その盲点を突く人、作り替える人のことを指す。同様に革新者とは、現状の問題点も、合理性も、なぜ変われないかの理由も全て認識した上で、それでもなお「あたりまえを疑い」、新しい突破口をしぶとく追求する人である。

子供はいつでもどこでも勉強なんかしない

既存の常識を覆す革新者の1人に、FLENS（フレンズ）の大生隆洋（おおばえたかひろ）社長がいる。フレンズは子供たちの学習用携帯端末（タブレット）と教材コンテンツを提供するeラーニング・ベンダーの1つである。

eラーニングは「いつでもどこでも勉強できる」ことに価値があると一般に考えられている。しかし大生さんは、「子供はいつでもどこでも勉強なんかしない」と言う。子供たちにとって、世の中には勉強よりも興味をそそられることがいっぱいある。eラーニングのタブレットを配ったからといって、子供たちが勉強をするわけではない。いつでもどこでも勉強できるという前提のもとで、どんな教材コンテンツを開発してみても効果は限定的である。

大生さんはむしろ、子供たちが学習用タブレットのスイッチを入れるための学びのモチベーションをどのように設計するかのほうが重要だと考えた。そこで学習塾や学校の教室などで、タブレットを用いて3分間×4ラウンド方式で、まるで試合やゲームのようにして点数を競い合うやり方を発案した。得点結果はリアルタイムに集計され、個人として何位か、教室として何位かが即座にわかる。ICTを使っているメリットを活かして、1ラウンドめで自分に実力の近いライバル10人が即座にグルーピングされ、2ラウンドめからはこの10人が競い合う。すると実力の近い者同士が競い合うため、どの子にも1番になるチャンスが生まれる。誰だって1番になると嬉しいから頑張る。すなわちICTを用いて子供たち1人1人に栄光のスポットライトが当たるチャンスを増やすことによって、学びに対するモチベーションを高めている。

またこのシステムは校舎対抗戦にもなっているため、ラウンドとラウンドのインターバルには、問題の解けなかった子に、解けた子が一生懸命教えるという情景が生まれる。自分が属するクラスの順位を上げたいがために、子供たちは物凄いスピードで互いに教え合う。昔の受験戦争では自分の答え

リアルタイム対戦型学習

を誰かに見られないように隠したりしたものだが、ここでは全く逆のことが起こっている。

eラーニングとは何か？　それは「ICTを使っていつでもどこでも知識を効率的に提供するもの」だとする業界の通念を大生さんは疑った。そして、eラーニングとは「ICTを使って学びに対するモチベーションを高めるもの」だとその本質を再定義した。この切り口の発見が、大生さんに新しいビジネスモデルをもたらし、eラーニング業界に新しいカテゴリーを生み出したのである。

高齢化に適応するな、人口構造は変えられる

人口減少と超高齢化社会にいかに対応していくかは、日本の地域が抱える最も重大な課題の1つである。

Chapter 2で取り上げた千葉県流山市。井崎義治市長は2003年に同市の市長になり、この人口減少時代になんと人口を2万5000人、約16％も増やすことに

成功した。

井崎さんは「母になるなら、流山市。」というキャッチコピーを、東京都心に住む30代で子供を持つ共働き夫婦（DEWKs: Double Employed With Kids）をターゲットとして発信した。並行して、市内に保育所をどんどん増やし、つくばエクスプレスの2つの新駅と各保育所を結ぶ専用バスによって子供たちを朝晩送迎するしくみ（駅前送迎保育ステーション）を整えていった。この施策によって、子育て世代の共働き夫婦はストレスなく仕事と子育てが両立できるようになり、DEWKsを中心に流山市への人口流入が起こった。

ほとんどの市では、その人口ピラミッド（人口構成表）において、60代が最大のボリュームゾーンを形成している。過去、流山市のボリュームゾーンも同様であった。しかし「母になるなら、流山市。」の施策展開以降、同市のボリュームゾーンはなんと30～40代に移った。しかも彼ら彼女らには子供がいる。その子たちは将来も流山市に住み続ける可能性がある。井崎さんは、単に人口を16％増やしただけではなく、将来に向けて持続可能な市の人口構造を再生したのだ。

これはできそうでできない施策である。自分が市長だったらと仮定してみて欲しい。選挙権を持つ地域の住民の大半は高齢者である。市長再選のためには、言葉は悪いが、高齢者住民の人気を取るのが得策だ。市外に住む30代の子持ち共働き夫婦をターゲットとした重点施策を打つなど政治家生命にとって危険である。議会も反対するし、自治体職員だって付いてこない。井崎さんが凄いのは、つまりは全員を敵にまわすリスクがありながら本施策を断行したことである。このまま、市の人口の高齢化に受動的に適応していくだけでは財政的に立ちいかなくなることを見通していたからである。だから脱高齢化の道を切り拓く決断をした。「高齢化社会」という大前提を疑い、「人口構造は変えられる」と考えたのである。井崎さんはけっして派手なパフォーマンスをされない方だが、行政の常識、政治家の常識を覆す革新者である。

障がい者はラベリングするな、交ぜろ

日本全体で現在、身体障がい者、知的障がい者、精神障がい者は700万人以上おり、75歳以上の後期高齢者は1500万人以上にのぼる。歳を取れば誰でもどこか身体に障がいが出るか、認知症になるか、気持ちが弱って精神的な病気に陥るかもしれない。その意味ではこれから日本には広義の意味での障がい者が増えていく。日本の人口が中期的に約1億人へと減少していく中で、広義の障がい者が2000万人を超えるとなれば、従来のように障がい者を施設に分離し、画一的な作業をさせながら「福祉」として助成するやり方で、はたしてこの国はやっていけるのだろうか？

沖縄に、焼肉店「キングコング」など6店舗の居酒屋・飲食店を経営するナガイ産業という会社がある。従業員は80人程度であるが、そのうち精神に障がいのある方が現在10人以上交ざっている。過去、ナガイ産業では年商が3分の1程度にまで落ち込み、経営困難に陥ったことがある。当然、人件費、材料費などを削減し、生き残りをかけた。このとき、経営者も辛かったが、現場の従業員たちの気持ちもサクレだっていた。洋食の調理師は和食の調理師を責め、厨房は接客（フロア）を責め、従業員は経営者を責めるなど、あちこちで「他責の文化」が職場を支配した。もう後がない、従業員を使い捨てるような飲食業の文化はもう嫌だ、そう感じた砂川惠治社長（当時、部長）は思いきった決断をする。幼いころからの親友で作業療法士である仲地宗幸さんに相談し、なんと精神に障がいのある人の採用を積極的に始めたのだ。

砂川さんは、企業と福祉とのコラボレーションを目的とする別会社NSP（ナガイソーシャルプロジェクト）を立ち上げた。NSPでは、精神に障がいのある従業員のことを「BIメンバー」と呼んでいる。BIメンバーとは「不器用だけど一生懸命」の略である。NSPでは、BIメンバーに対し、陰の方で決まった作業をあてがうのではなく、接客など顧客最前線の業務にも積極的に登用した。そこには、おそらく日本でただ1人の自閉症のすし職人の姿もある。毎月開催する経営勉強会では、BIメンバーと健常者の従業員とが交ざり合って会議をする。統合失調症や自閉症の従業員もいるため会議の進行はゆっくりにならざるを得ないが、会議終了時にはちゃんと個々人のアクションプランまで出来上がっていた。

ＮＳＰはコング丸という釣船を持っている。この船で漁をして捕った魚を居酒屋で刺身にして出したりするのだが、驚いたことに、このコング丸には精神に障がいのある方も乗る。私が一緒に乗ったのは、ある会社でリストラに遭って生きる気力をなくしていた高齢の男性だった。この男性は、船で釣った魚を家に持ち帰ることによって、奥さんやお子さんと久しぶりに会話が生まれ、ＱＯＬ（生活の質）に関する精神的指標が格段に上昇し始め、担当医も驚くような回復を見せた。だが、綺麗ごとだけでは済まない。精神面で不安のある人を船に乗せて、もし飛び込んだりしたら誰が責任を取るのか。したがってＮＳＰでは現在この事業を行政の支援なしで行っている。特に「福祉」だとも考えていない。

障がい者をラベリングして分離せずに、逆に現場で健常者と

活躍するBIメンバーたち

交ぜて互いに議論や交流をさせる。また障がい者を裏方作業ではなく顧客接点の最前線に出す。福祉業界の通念を覆すこの大胆な経営施策の結果、驚くべきことにガタガタになっていたこの会社の業績はV字回復を遂げた。なぜなのか？　一体何が変わったというのだろうか？　ＢＩメンバーたちの働きが凄かったからだろうか？　それもあるが、ＢＩメンバーの不器用だけど一生懸命働く姿勢に残りの社員が影響を受け、ものの考え方や働き方が変化したことが大きい。化学反応が起こったのである。これは従来の障がい者雇用の「分け隔てる経営」の常識を疑った「交ぜる経営」の勝利である。

2. Needsを探すのではなく、Wantsを創造する

Needs対応では、コモディティになる

革新者が持つキラー・スキルの2つめは、「Needsを探すのではなく、Wantsを創造する」である。Needsを探しても、新しい事業創造は難しい。Needsというのは表面的（顕在的）な欲求であり、多くの人が共通に求める要素や条件のことである。顧客のNeedsを満たすことはビジネスの原理原則であるが、それは競合企業がどこでもやることであり、コスト・パフォーマンスの競争に陥りやすい。

他方、Wantsというのは、表面的なNeedsの奥底にある潜在的な願望である。残

Needs	Wants
必要なもの	欲しくてしょうがないもの
表面的なもの	人の心の奥底に眠っている願望（ユーザーに聞いてみても、Wantsはわからない）
多くの人が共通に求める要素・条件	個人の能動的な欲求から始まり、他者へも拡散
コモディティ化する世界 コスト・パフォーマンスの競争	新しいライフスタイルを作り出す世界 高い価値を生み出す

念ながら顧客に聞いてもWantsはわからない。顧客ですらうまく言葉にできないことが多い。Wantsは、Needsのように多くの人が共通に求めるものではなく、個別的であり多様である。したがってWantsは、特定の個人の主体的な欲求から始まるが、しかしそれはその個人だけに止まらず、口コミやSNSなどを通じた共感によって拡散し、新しいマーケットを漸次形成していく。

Needsへの適応は今後ももちろん重要であり続ける。しかしそれはコモディティの世界、コスト・パフォーマンスの世界になっていくだろう。Wantsを洞察し、創造することが新しい価値を作り出していく。

Amazonを超える書店

私は、書店には革新者はいないと思っていた。「Amazonで勝負あり」で、このビジネスモデルに勝てる書店などないだろうと。

北海道砂川市に、「いわた書店」という小さな書店がある。田舎にあるのに、全国から注文が殺到、２０１５年3月までで６６６人待ち、対応しきれないため受付を締め切ってしまうほどであった。さらに２０１６年4月に受付を再開したときには約１６００人から応募が殺到、やむをえず抽選方式に変更した。なぜ、いわた書店に注文が殺到するのか？

社長の岩田徹さんは「一万円選書」というしくみを実践している。これは約１万円分の本を、お客さんのために岩田さんが選んで届けるというサービスであり、選書にあたって岩田さんはお客さんの読書履歴や仕事、人生観を知るための「選書カルテ」という記入式調査をお願いする。岩田さんはその選書カルテをじっくり時間をかけて読み込む。そして素敵な本と出会えますようにと願いを込め、お客さんが自分ではけっして選ばないだろう本を選び出す。その本にはお客さんがハッとする言葉が潜んでいたりする。これは岩田さんからユーザーへの心を込めたfor youのサービスである。

本の推奨ならＡＩ（人工知能）にもできる。Amazonのレコメンド・エンジンには、「よく一緒に購入されている商品」、「この商品を買った人はこんな商品も買っています」といった推奨機能がある。だが自分が選ばない領域の本、隠れた悩みを解決してくれる本の紹介は、Amazonのレコメンド・エンジンにはできない。無類の本好きで多様な種類の本を知る岩田さんが、お客さんの悩みを知ってこそなせる業である。言ってみればAmazonはNeeds対応、いわた書店はWants対応なのだ。大変手間のかかるやり方であるからこのビジネスモデルが儲かるとは思えない。したがって「Amazonを超える本屋」などというのも正しくはないだろう。だが、覇者Amazonにはできない付加価値を創り出している一点において、岩田さんはやはり革新者と言えるだろう。

顧客のボヤキを動画で分析

Needsに対応するだけでは最終的に大資本に勝てない。だから革新者はWantsの創造を仕掛ける。Chapter 2で紹介した、草刈機等の作業機を製造販売するキャニコム。中小企業ながら世界42ヶ国以上に展開するグローバル企業である。草刈機の顧客には、例えば果樹園のオーナーやゴルフ場の経営者などがいる。彼らにとって草刈りとは、できればやりたくない、面倒な作業に過ぎない。草刈機に対するNeedsを聞けば、だいたいの人は、速く刈れるのがいい、値段は安いほうがいい、丈夫で壊れないのがいい、あるいは他社の製品に付いている機能をおたくの製品にも付けて欲しい、といった答えが返って来る。Needsに適応して製品を開発してもコモディティ競争から免れ得ないのだ。

キャニコムはどうしたか？　面倒くさい、やりたくない作業だった草刈りを、面白そうで、やってみたくなる作業へと変えてしまった。まるでゴーカートのような草刈機を開発し、「草刈機まさお」と名付けた。まさおは、荒れ地でもグングン走り、どんどん雑草を刈り取っていく。こうした製品はNeeds対応からは生まれない。顧客の潜在的なWantsを発掘し、創造的なカタチにしたからこそ生まれた。

ではキャニコムは、たまたまWantsを創造できたのだろうか？　いや、実はキャニコムには今から20年以上も前から、営業が顧客のボヤキをビデオに収めて会社に持ち帰り、それをヒントに創造的な製品を開発する「ボヤキズム」という経営手法が存在する。「受注できなくてもいい、顧客のボヤキを拾ってこい」と包行会長は営業職に発破をかける。今や世界各国からほとんど毎日ボヤキのビデオレターが寄せられ、それを武器にWantsの創造が行われている。キャニコムが目指すのは、顧客満足ではなく「超顧客満足」なのである。

のどの渇きではなく、心の渇きを癒す

Needsを探すのではなく、Wantsを創造する。もう1つ有名な事例として、コカ・コーラ社が中東で行った秀逸なマーケティング・キャンペーンを取り上げたい。中東には建設や製造や農業などに従事するため国外から労働者たちが数多くきている。特に南アジア地域からの労働者が多く、人口の3割程度を占めるという。この人たちにコカ・コーラをもっと買ってもらうにはどうしたらいいか？　皆さんが担当責任者だとしたらどうするだろう？　味を変えるか、パッケージ・デザインを変えるか、それともプライシングを変えるか？

この労働者たちの日給は大体6〜7ドル程度と言われる。では、この人たちのWantsとは何だろうか。それは、母国に残してきた奥さんや子供たちの元気な声を聞くことである。しかし日給6〜7ドルではそうそう国際電話はできない。せいぜい何日かに1度、少しの時間だけ家族と話して満足するしかない。

そこでコカ・コーラ社がやったことは驚きだった。コカ・コーラのペットボトルのキャップを入れると3分間国際電話ができるコカ・コーラ社製の専用電話ボックスを設置したのである（Hello Happinessプロジェクト）。この結果労働者たちは、コカ・コーラのキャップをポケットに入れ、この電話ボックスに列を成すようになった。

コカ・コーラ社は言ってみれば、のどの渇きではなく、心の渇きを癒したのだ。炭酸飲料としてのコカ・コーラに対するNeedsをいくら聞いてもこうしたソリューションは生み出せない。顧客の心の奥深くにある欲望や、怒りや、悲しみや、愛情などのWantsに着眼し、そこに向けてソリューションを図ったからこそ可能となったのである。（出所：http://www.coca-colacompany.com/videos/coca-cola-hello-happiness-ytzla9txyxd8g）

3. 「面白い」から始めて、社会課題の解決につなげる

経営管理者はMustから考え始める

私たちは、何か新しい事業を創造しようとするとき、基本的な思考方法として、「Wants（やりたいこと）」、「Can（やれること）」、「Must（やらねばならないこと）」という3つの枠組みから考えることが多い。言い換えると「願望」、「技術」、「社会課題」であり、「面白さ」、「実現可能性」、「正しさ」でもある。事業として成立するためにはこれら3つの要素全てを満たす必要があり、最終的な解は、これら3つの要素の交点にあるのだが、ここで皆さんに問いたいのは、最初にこの3つのどこから思考

に入っていくかである。

おそらく多くの人は、次ページのMust、社会課題、正しさなどから考え始める。真面目な人、優秀と評される人ほどここから入る傾向がある。大学院などで行われているイノベーション・ワークショップでも、「君の事業プランはまずどんな社会課題を解決しようとしているのか」と教授から問われることが多いだろう。

まず問題を特定すること。それは問題解決の方法として正しい。しかし実は、他者依存の思考法だともいえる。顧客とか、社会とか、課題とかいった、自分の外側にある一般論に起業の動機を求めているのである。問題は誰かが出題し、自分は正解を答えるという正解主義は、受動的教育の蓄積によって生み出された優等生の思考法である。残念ながら社会課題からブレイクダウンしていく問題解決法では、解が一般的になりがちであり、面白い切り口や創造的な突破口は生まれてこない。

Wants、Can、Mustのどこから始めるか?

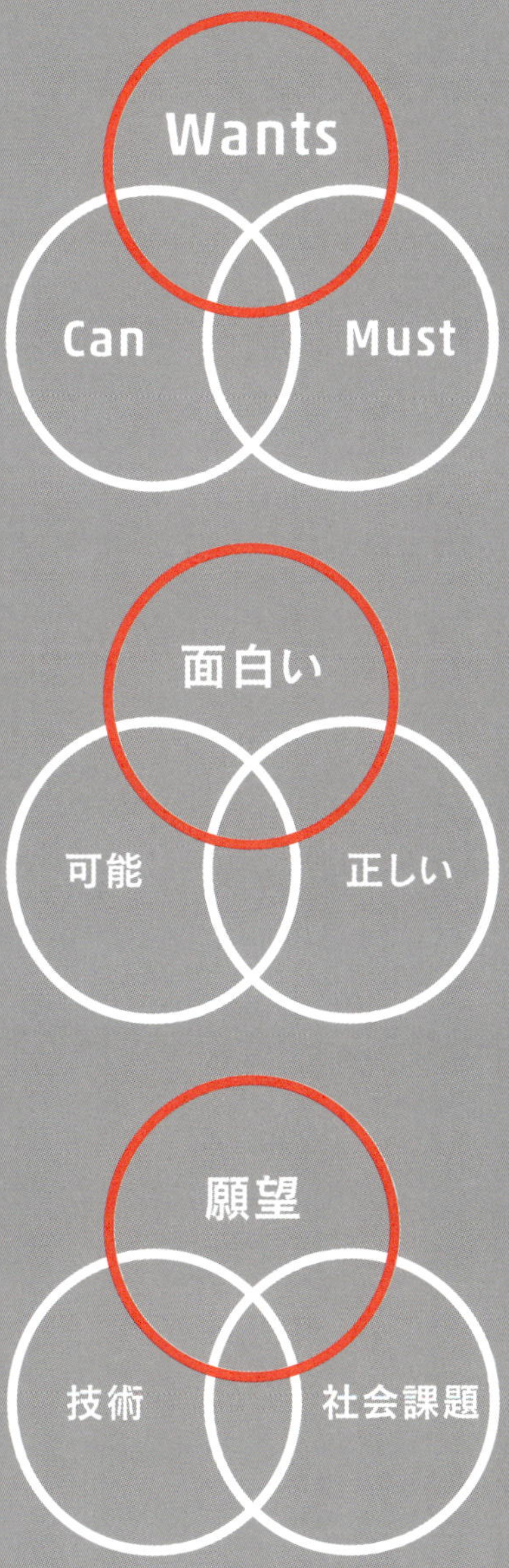

革新者はWantsから動き始める

他方、お会いした革新者のほとんどは、実は赤色で示したWants、願望、面白さなどを起点に動き始めていた。自分がどうしても欲しいものがある、自分がどうしても助けたい人や治したい病気がある、自分がどうしても見たい世界がある、そういう強い内的な動機を持って事業をスタートする。駆動力は革新者のWantsである。それは言い換えれば、切なる願望だったり、既存の社会のしくみに対する義憤だったり、他者への深い愛情だったりする。革新者は、社会が必要としているかどうかを問う前に、まず自分が欲しいかどうかを問うのである。自分の財布で買いたいと思えないものを、顧客が買うはずがない。自分にどうしてもやり遂げたいという情熱のない事業が、周囲からの否定の嵐の中で生き残れるわけがない。

革新者は自分が取り組む問題を自ら決めるのだ。自分が取り組むべき問題は、例えば社会Needsなどという顔の見えない一般論から生まれてくるものではない。自分自身のWantsに対する発問から始まる。ただしWantsを根本的な駆動力として事業をスタートすると言っても自分勝手では事業として成立しない。革新者は顧客や環境との相互作用を頻繁に行いながら、自らの事業をバージョンアップしていく修正主義者でもある。

前節2では顧客のWants、本節3では革新者自身のWantsについて取り上げたが、いずれの場合もNeedsを受動的に探すのではなく、奥深くにあるWantsを創造する態度が革新を生み出すための鍵といえる。

4. 同類とはつるまない

異質な領域との触発が創造の引き出しを豊かにする

革新者が持つキラー・スキルの4つめは、「同類とはつるまない」である。人はわかり合える仲間といた方がストレスがなく快適であるため同類とつるみやすい。これはベンチャー経営者ですら同様であり、ＩＣＴを用いた似たようなビジネスモデルやワーキング・カルチャーを持つ新興企業の経営者たちはつるみやすい。だが、同質のコミュニティではやがて情報は閉塞し、しがらみも生じる。

イノベーションは同質のムラ社会の中では起こりにくい。イノベーションを生み出すには異質な領域との触発チャネルを常に確保する必要がある。革新者たちは自分とは異なる領域の人々と積極的に接触し、新しい着想を得るための時間を自らの時間割の中に組み込んでいる人が多い。そして異質な領域から得た着想を、自らの領域に応用するという「移植型の創造性」を発揮する。いわゆる「越境学習」と言ってもよい。

多くの革新は、実はこのように異なる領域から自分の領域へとパターンを移植することによって生み出されている。むしろゼロからオリジナルな革新を起こす人は稀と言ってよい。ということは、革新者とは特別な才能を持つ人たちではなく、異なる領域から多様なパターンを発掘し、移植するための柔軟性と行動力を持った人たちだということができる。つまりあちこちを歩き回りながら創造のための引き出しを豊かにしている人たちである。

同じ領域において人真似することを「イミテーション」と言い、異なる領域から真似することを「イノベーション」と言うのかもしれない。

福祉介護に若者文化を注入し、業界を新3Kに変える

全く違う領域の価値観やパターンを移植することによって業界を革新する事例を1つあげたい。2025年、日本の要介護人口は約700万人に達し、これに対応する介護支援職は約250万人が必要と推計されているが、介護支援職を現状から80万人以上も増やすことは極めて困難だと言わざるを得ない。介護支援職は厳しい仕事のため3Kと言われ、横の人間のつながりも少なく、残念ながら離職率も高い。ではこのギャップをどう解消するか？　移民やロボットという選択肢もあるが、それぞれに課題もあり、簡単には解決しないだろう。

Chapter 2で紹介した革新者の1人、NPO法人Ubdobeの岡勇樹さんは、従来の介護・福祉業界の常識とは全く異なる方法によってこの難題に挑んでいる。岡さんのバックグランドはパンクミュージックやヒップホップであり、若い頃はクラブ

やライブハウスに入り浸りだったという。岡さんは大好きな音楽やライブの要素を介護・福祉業界に融合させることによって、この業界をもっと楽しく「カッコいい、かわいい、けっこうおもろい」の新3K業界に変え、若者がもっとこの業界に関心を持ち、定着できるようにしようと行動している。

岡さんが仕掛ける数多くのプロジェクトの中の1つに、「SOCiAL FUNK!（ソーシャルファンク）」というものがある。クラブで、DJやライブの合い間に、いきなり介護や福祉のトークショー（講演）を挟みこむものである。常識的にみて、この異質な組み合わせはミスマッチだ。しかし意外にもクラブで踊る若者たちは一生懸命にその話を聞く。

こうした着想は、同質の業界集団からは生まれない。全く異質な領域で等身大の若者と戯れながら生きてきた岡さんだからこそ、どうしたらこの業界に若者が集まるかをリアルに想像できるのだろう。おそらく岡さんが描くような業界風土になれば、「何だ、この若造は」といった、今とは違った行き違いや間違いなどのリスクも生じるだろう。しかし、岡さんはそうしたことも含めて人間として互いに許容し合い、学び合うような「人間福祉」の未来を創造している。

デザインのないデザイン

百貨店のタオル売り場に行くと、ロゴマーク、デザイン、風合いなどで各社の商品が競い合っている。汎用タオルの7割以上は中国製と言われ、価格競争も厳しい。模倣類似品（コピー）が直ぐに出回ってしまう。こんな競争環境の中で、もし皆さんがタオル会社の社長だったらどうするだろうか？　革新は起こせるだろうか？

革新者の1人、IKEUCHI ORGANIC株式会社の池内計司社長は、「デザインのないデザイン」という戦略を選択した。つまりシンプルなタオルだ。シンプルならば真似られない、いや、真似ても価値がない。その代わり池内タオルは100％風力発電で織られ、「風で織るタオル」と呼ばれている。材料は、100％オーガニックコットン、枯葉剤を一切使わない手摘みによる。2011年からは、その年に収穫された有機綿花のみから作る「コットンヌーボー」という新商品をデビューさせた。言うまでもなく、ワイン業界のボジョレーヌーボーの発想であり、ワインのように毎年できたタオルを味わう。

池内さんはとても真摯な経営者であり、この「コットンヌーボー」というタオルも、この年に生まれた赤ちゃんが使ってくれたとしたら、その子が成人するまでは供給し続けたいと言い、20年間作り続ける覚悟だと語る。手摘みの有機綿花のみから毎年タオルを生産するなんて、産業的に言うと非常に非効率かつ不安定で儲けが少ない。こんなタオルづくりをする池内さんは、業界では異端であるが、IKEUCHI ORGANICには熱狂的な支持者が増え続けている。

池内さんは同類とはつるまない。百貨店のタオル売り場に行って敵陣視察すらしない。なぜか？「他のタオル会社がやっていることと自分がやっていること

コットンヌーボー

があまりに違いすぎるので、不安になって、怖くなるから行けない」と控えめに語っていた。池内さんもまた、同質の集団と交わるのではなく、異なる領域から価値観やパターンを移植する革新者なのである。

5. マイナスをプラスへ

マイナスをプラスに変える

革新者が持つキラー・スキルの5つめは、「マイナスをプラスへ」である。ここでいうマイナスとは、一般に私たちが取るに足らないもの、厄介なものと捉えがちな資源を指す。それは例えば、生活廃棄物だったり、増加する空家や廃校だったりする。社会課題先進国・日本とは、こうしたマイナスが増大する社会である。だが革新者はこうしたマイナスの資源を、ものの見方を変えて、そこから潜在価値を引っ張り出し、プラスの経営資源へと変えていく創造性を持っている。

中古物件から魅力を引き出す宝探し型不動産

高度成長期に整備された家やマンションが老朽化し、空家数が増加している。従来であれば、これらは既に無価値な資源と捉えられ、スクラップ・アンド・ビルドによって新築のマンションなどに建て替えられていたが、最近は古い建物の風合いやストーリーを活かし、改装して棲むというストック・リノベーションの動きが拡がり始めている。

この分野で活躍している革新者の1人に東京R不動産の共同創業者の馬場正尊さんがいる。普通、不動産屋が物件を評価する際には、駅からの距離、部屋の広さ、設備の新しさといったような基準で価格を決めることが多いと思うが、東京R不動産は、従来の不動産屋とは全く違った視点で物件の価値を引っ張り出す。例えば、レトロな味わいがある、倉庫っぽい、改装できる、無料で屋上が付いてくる、水辺の景色がある、秘密基地っぽいなどといった切り口である。そんな独自の切り口を持ちながら、町中を宝探しのように探検して面白い価値を持つ中古物件を発掘する。

そこに独自のコンセプトやライフスタイル・ストーリーをのせ、そのストーリーに見合ったリノベーションを施す。それを「東京R不動産」というウェブメディアで発信し、標準的なマンション生活では飽き足らずに個性的なライフスタイルを求めているユーザーとマッチングさせるのである。

東京R不動産は、一般論で言う「マイナス」の資源からきらりと光る「プラス」の部分を拾い出し、そのプラスを増幅するコンセプト・ワーク、デザイン・ワーク、ストーリー・テリングを1軒1軒丁寧に行うことによって、成熟社会に入った日本にふさわしいライフシーンを創造し始めている。

真っ暗闇のソーシャルエンターテインメント

マイナスをプラスに変える2人めの革新者は、真っ暗闇のソーシャルエンターテインメント事業を展開する志村真介さんと志村季世恵さん夫妻である。渋谷区外苑前の地下空間にある「ダイアログ・イン・ザ・ダーク」。照度ゼロ、純度100％の真っ暗闇の世界で、見知らぬ8人が1組となって中に入っていく。グループを先導し案内してくれるのは目の見えない方、つまり視覚障がい者である。全員、白杖をついて暗闇の中に入っていく。中に入っている時間は1時間半くらいであろうか、暗闇の中でワークショップ的なことをやってみたり、ワインを飲みながら語り合ったりする。

それだけのことだが、入場料は5000円、大規模テーマパーク並みといってよい。もちろん暗闇の中に、テーマパークのような大規模なアトラクション施設はない。なのに、再訪希望率は95％を超え、友達に勧めたい人は98％にも達する。10年前にここで経験したことを覚えている人の割合も98％だという。一体、この空間の付加価値は何なのか？

ダイアログ・イン・ザ・ダークでは視覚が完全に奪われる。だが実は奪われるものは視覚だけではない。年齢も、地位・肩書も、見た目も、名前も関係ない世界なのだ。現実世界でまとった鎧が全てはがされる。頼りになるのは声ぐらい。そうするとどうなるか？　子供の頃の懐かしい気持ちになってくる。自分は無力だということをつくづく感じさせられる。手をとって助けていただき、人の温かさを感じる。丁寧なコミュニケーションの重要性に気づかされる。見た目が無意味な世界で自分とは一体何者なのかということに思いを巡らせる。最も驚いたのは、たった1時間半で見知らぬ8人が非常に仲良くなることである。同窓会が続いているグループも多いそうで、結婚したカップルまでいる。

普通、私たちは新しいサービスを創造しようとするとき、なにか「足し算」をしようとする。ところがダイアログ・イン・ザ・ダークは徹底的な「引き算」をやったのである。視覚を奪い、地位や肩書を奪い、見た目を奪う。こうした引き算によってユーザーに新しい体験を与え、5000円支払っても惜しくない付加価値を生み出した。これがダイアログ・イン・ザ・ダークの革新性の1つである。

もう1つ革新的なのは、先導するアテンドに視覚障がい者を起用したことである。この人たちはどちらかというと、「周りの人、社会の人たちに助けてもらいなさい」と言われることが多かった。しかしこの空間では完全に立場が逆転し、健常者を助ける立場になる。彼ら、彼女らが頭の中に持っているマップや視覚以外の感覚の感受性は、私たちのものとは全く精度が違い、その能力に驚かされる。つまりダイアログ・イン・ザ・ダークは、「弱者」と呼ばれてきた人たちを「強者」に変えるビジネスモデルを創り出したのだ。

障がいというマイナスをゼロに近づける親切を、私たちは「ノーマライゼイション」と言うが、ここでやっていることはゼロにすることではなく、プラスの方向へと大逆転させることである。これこそソーシャル・イノベーションであり、革新者の真骨頂だと言える。このように日本に増え続けるマイナスをプラスに逆転することができたなら、この国はすごく面白い国になっていくに違いない。

12足の義肢で、5種類の身長を持つ

マイナスをプラスに変える革新者の最も象徴的なケースはエイミー・ムラン（Aimee Mullins）さんだろう。彼女は幼い頃に両足を失った。しかし今、アスリート、ファ

ッションモデル、義足の開発者としてマルチに活躍している。パラリンピック短距離走の選手でもある。

彼女は12足の義肢を持っている。アスリートとして走るための義肢、テニスやソフトボールなどのスポーツするときの義肢、着飾ってお出かけするときの義肢、ファッションモデルとしての義肢。義肢にはペディキュアを塗ることも、ハイヒールを履くこともできる。彼女はなんと5種類の身長を持つ。

よく男性から「すごく魅力的だよ、とても身体障がい者に見えない」と言われてきたが、あまり嬉しくはなかったという。ところがある時、幼馴染の女友達がエイミーさんに会ってビックリして言う。「何それ、すごい背が高いじゃない！」「そんなのずるいわ」その瞬間——社会の反応が大きく変わったとエイミーさんは実感した。本当に嬉しかったという。彼女はTED Conferenceでのプレゼンテーションを次のような言葉で締めくくった。

義肢はもはや失ったものを補うのではない。
新たに生まれた空間に、
装着者が自由な創作を実現する力の象徴。
身体障がい者とされてきた人々は、
今や自分の個性を演出できるんです。
もはやハンディは克服するものではなく、
プラスに増幅していくものです。

彼女は、失った足に価値を創造した。絶望的なほどのマイナス状況をプラスに変えた革新者である。

6. 武器としてのＴＥＤ（テクノロジー、エンターテインメント、デザイン）

革新者が持つキラー・スキルの6つめは、「イノベーションの武器としてＴＥＤを用いる」である。ＴＥＤとは、ここではテクノロジー（ＩＣＴ）、エンターテインメント、デザインのことを指す。ＴＥＤは業の本質はそのままに、ユーザーの注目や認知や体験を劇的に変える力を持っている。

恐怖の検査を宇宙旅行体験に変える

ＴＥＤを用いてユーザーの体験を１８０度変えたケースを見てみよう。人間ドックなどの精密検査の経験がある方はわかると思うが、MRI（磁気共鳴断層撮影）による検査は不気味な音が鳴り響くため恐怖感がある。このため小さな子供たちは、嫌がり、泣き出してしまうことが多い。この様子を何度も見ていたGEヘルスケアの社員とデザイン・コンサルタントは、この子たちの恐怖の体験をなんとかしてあげられないかと考えていた。

そこで彼らが生み出したソリューションは意外なものだった。MRIの機器や不気味な轟音は何一つ変えずに、代わりに機器や室内に宇宙旅行の漫画をペインティングした。そして検査のオペレーターには検査を受ける子供に話すための宇宙旅行の台本を手渡したのである。この結果、恐怖の検査体験は、ワクワクするような宇宙旅行体験に変わった。それまで検査を嫌が

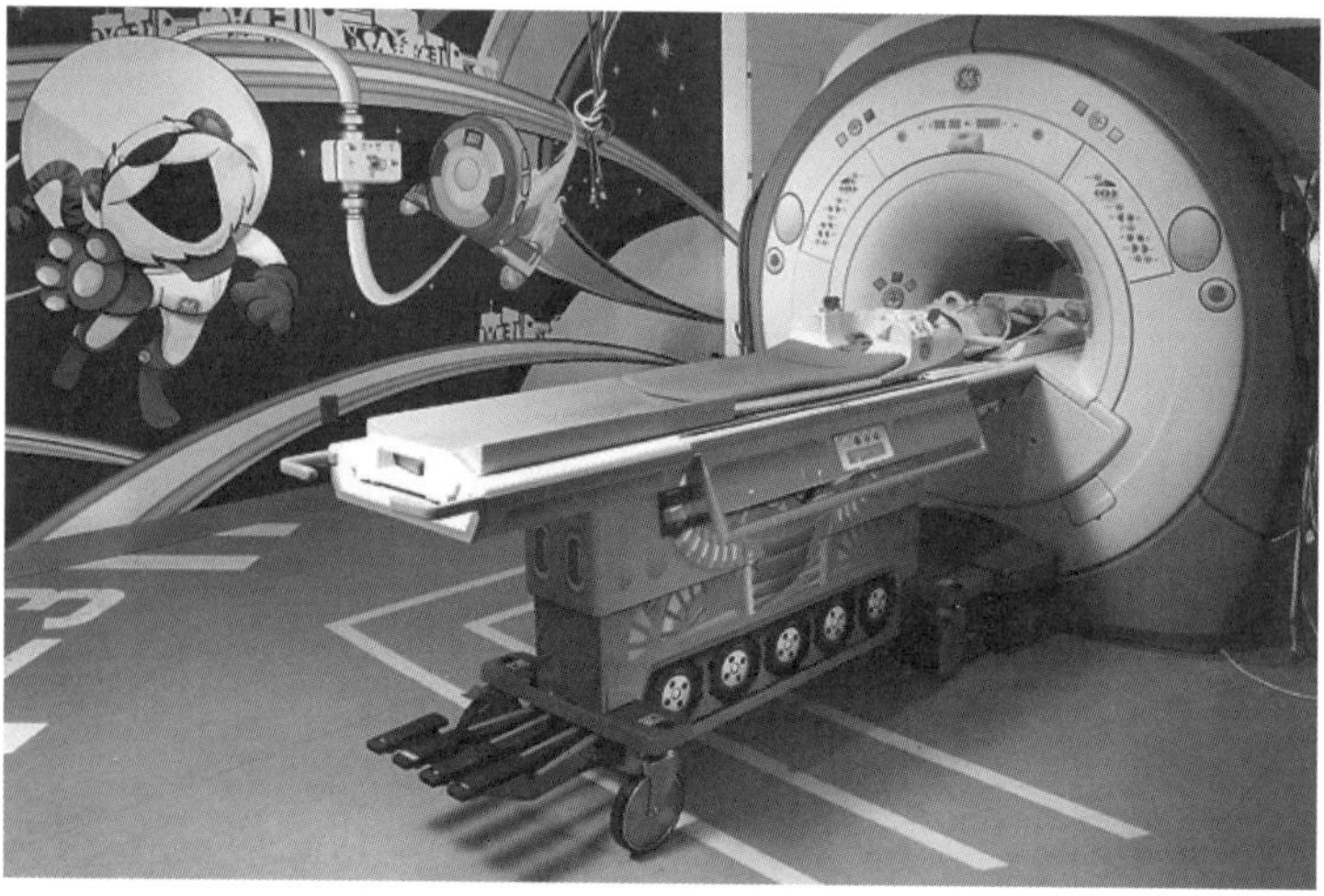

恐怖の検査体験からワクワクする宇宙旅行へ　GE Healthcare "adventure series" のサイトより掲載

って泣いていた子供たちは、「今度はいつ宇宙旅行に行けるの?」と言うようになった。デザインとエンターテインメントはユーザーの体験を180度変える力を持っているのだ。（出所：IDEO流　創造性を阻む「4つの恐れ」を克服する方法、HBR、2014年10月15日）

エンターテインメント・リサイクル

日本環境設計の岩元美智彦会長は、いわゆる「ごみ」をエネルギーや製品づくりの資源に変えるベンチャー企業の経営者であり、同社は綿製品からバイオエタノールを精製する糖化技術などのユニークな再生技術を持つ。しかし岩元さんは、資源を循環させる社会を本気で作り上げるためには「技術」だけでは足りないと言う。その技術を活かすためには「しくみ」が必要であり、無印良品、スターバックス、イオンなど150社もの小売企業がその「しくみ」の担い手となりブランドを超えて横断的に参加するオールジャパンの回収拠点のシステム作りが不可欠だと話す。

だが、技術としくみだけでは充分とは言えない。肝心の消費者が行動することこそが重要なのだ。環境意識の高い一部の消費者だけではなく、大多数の消費者を資源循環に向けて動かす必要がある。どうしたらいいのだろう？　地球規模の環境問題の話をしてみても、危機感は共有してくれるが、その場限りのことが多い。実際に行動に移す人は限られている。

ここで岩元さんは、技術、しくみに次ぐ、第三の矢を放つ。それは「ワクワク・ドキドキ」である。人は漠然とした危機感だけでは行動に移さない。ワクワク・ドキドキ、楽しそうだから行動するんだという結論に至った。岩元さんはいろいろと試した。リサイクルにワクワク・ドキドキを導入しよう。岩元さんはいろいろと試した。そしてついに映画「バック・トゥ・ザ・フューチャー」に登場するデロリアンを、ごみから精製したエネルギーで実際に

Go! デロリアン走行プロジェクト

動かすプロジェクトを立ち上げ、全国に発信した。これは大反響を呼び、今まで1年かけて集めていた量の資源（衣料品）が僅か3ヶ月で全国から集まった。「GO！デロリアン走行プロジェクト」は大成功し、岩元さんはリサイクルにワクワク・ドキドキを導入するいわば「エンターテインメント・リサイクル」に確信を持った。今後は日本環境設計が回収シェア60％を誇る携帯電話から抽出した貴重金属でメダルを作るプロジェクトなども構想している。ワクワク・ドキドキという第三の要素の発見によって、日本環境設計の事業はさらに加速しそうである。

2016年1月、岩元さんはハーバードビジネススクールからゲストスピーカーに呼ばれた。そこで持論「リサイクル・トライアングル」を発表する。世界から戦争を減らすには、石油資源の争奪戦を止めなければならない。そのためにはバージンの石油の代替となる資源を生み出すためのシステムを作らねばならない。そのシステムは3つの要素を必要とする。①技術、②しくみ、そして③ワクワク・ドキドキ（消費者行動）である。

7. 革新者の裏条件は、打たれ強さにある

バランスのとれた人間に革新はできない

100人の革新者は、自分たちが「革新者」と呼ばれることに照れがあり、「要は100人の変態ってことだよね」と言って笑う。「変態」とは標準や常識から逸脱した人々を指す。変態は何かに徹底的にこだわり、どんどん深みを増し、やがて突き抜けていく。スノーピークの山井さんは自らを「キャンプ変態」または「変態アウトドアマン」だと言って笑う。年間60泊もキャンプに出かけるスタイルは標準的な社長の規範から大きく逸脱している。スペースマーケットの重松大輔さんは言

ってみれば「空間活用変態」だ。銭湯だろうが、天守閣だろうが、市長室だろうが、重松さんにかかればレンタル可能なユニーク・スペースに変わる。重松さんに空間活用の常識は通用しない。むしろ空間活用の常識からわざと逸脱することによって新しい価値創造を行っているのだ。革新者は逸脱者であり、つまり変態である。バランスのとれた人間に革新はできない。

革新者は負けたふりをする

革新とは既存の常識からの逸脱行為であるがゆえに様々な抵抗に遭う。無視、冷笑、誹謗中傷、妨害工作。ときには既得権事業者、監督官庁、政治家などが束になって、新しいビジネスモデルを抑え込もうとすることもある。「既得権」と「誕生権」の衝突といってもよい。まさにこの時、革新者が持つ最後のキラー・スキルの出番となる。革新者は「打たれ強い」、しかも「負けたふりをする」。

革新者は誹謗中傷や妨害に遭っても、感情的になって既存勢力と真っ向勝負はしない。そんなやり方をしたらイノベーションは死滅する。革新者は真っ向勝負するのではなく、既存勢力が「その程度ならまあいいか、やらせておけ」と余裕を見せられる範囲において活動を開始し、小さな実績と信用を積み重ね、じわじわと風穴を開けていく。

大震災以降、レジリエンスという概念が注目されているが、これはただ我慢強く耐え忍ぶという意味ではない。逆境からのしたたかな復元力、反発力を指す。革新者は逆境に際して吼えず、愚痴らず、ディスらず、新しいやり方や機会を窺う。負けたふりをして、諦めていない。止めたふりをして、止めていない。

Chapter 4

革新者たちと地方創生に挑む

100人の革新者たちから学んだイノベーションに関する洞察を、日本の成長戦略にどう活かすか？　革新者たちとのネットワークを「地方創生」に活かすことはできるだろうか？　ここでは現在、私たちが革新者たちと共に挑戦している地方創生の新手法「イノベーション・プログラム」について紹介する。

100人の革新者とのネットワークをどう活かすか？

既に見てきたように、革新者プロジェクトとは、従来とは異質な切り口を持つ社会課題挑戦型のビジネスモデルを率いる革新的経営者たちを様々な分野から探し出しネットワーク化するものであり、その数は3年間で100人を突破した。100人の革新者という資産を形成した後どうするつもりか？　何がしたいのか？　出口は何なのか？

私たちは受動的な未来予測ではなく、革新者という社会課題解決のトリガーとなり得るモデルを活用して日本の成長戦略に能動的に貢献したいと考えている。だが具体的にどんなシナリオとスキームによって貢献できるだろうか。試行錯誤の末たどり着いたのは、100人の革新者という「火種」を、全国各地域に根をはる「火の玉人材」と化学反応させ、地域に新しい事業の種を生み出すことによって地方創生に貢献するというシナリオであった。革新者という外部の異質な血を注ぐことによって、各地域に眠っている挑戦的人材のイノベーション・マインドを掘り起こし、彼らを新たな事業主体として顕在化させる。別な言い方をすれば、100人の革新者を刺激剤として全国各地域に次の革新者を生み出していくことである。これにより100人の革新者が1000人、1万人へと増殖したならば、その時、日本の、地域の文化は変わっていくはずだ。そんなことは実現不可能だろうか。いや、革新者は接触する者のモチベーションに火を付ける強烈な伝染力を持っている。不可能ではない。

そのシナリオを実現するために、「イノベーション・プログラム」というしくみを開発し、全国を外交して回っている。イノベーション・プログラム導入第1号地域は昨年、北海道十勝に決まった。2015年7〜11月の5ヶ月間、十勝19市町村から集まった火の玉人材約70名とともに、この地に新たな事業構想と事業主体を生み出すべく、イノベーション・プログラムを通じて一緒に走ってきた。そして5ヶ月後、十勝には10個の新たな事業構想と事業チームが誕生した。10もの事業チームが誕生するという成果は関係者たちにとって良い意味で予想外だった。その触媒となったイノベーション・プログラムとは一体どのようなものなのか。まだけっして成功とは言えない半熟状態ではあるものの、本章ではその内容について明らかにしたいと思う。以下述べる話は、本書が提案するイノベーション・プログラムの第1号適用地域である十勝でのドラマをベースにしたものである。なお、十勝で伴走した5ヶ月間の新事業創発プログラムの事業名は「とかち・イノベーション・プログラム（略してTIP）」と言う。以下、TIPとはこれを指す。

地方創生に対する問題意識
――「ドーナツ化現象」を超えて

イノベーション・プログラムの具体的内容について話す前に、まずその背後にある設計思想について述べたい。私たちは現在進んでいる地方創生は「ドーナツ化現象」を引き起こしていると考えている。つまり「支援する人」や「意見する人」は周りにたくさんいるのだが、自ら挑戦しようとする事業主体が圧倒的に足りない。言葉を換えれば、ドーナツの外側（支援制度や活性化計画など）は豊かだが、ドーナツの内側（挑戦する事業主体）が空洞化している。

カネは用意したが、タマがない

例えば、全国各地で地域金融機関による地方創生ファンドが次々と設立されている。ところが地域金融機関や支援機関は口を揃えて次のように言う。

「カネは用意したが、タマがない」

ファンドはあっても投資先がないという問題に陥っている。

優れた事業計画に対して賞を与えたり、ファイナンスをつけたりするビジネスプラン・コンテストも最近よくある。しかし上から目線で待っているだけでは良いタマ（投資先）は出てこない。ビジネスプラン・コンテストでどんどん新しいタマが出てくるのは東京だけであり、地方ではすぐに枯渇してしまう。

何が言いたいかというと、地域金融機関や支援機関はただ支援制度（ドーナツの外側）を作って満足するだけでなく、一緒に事業プロデュースに乗り出す必要があるということである。新しい事業を共にゼロから作りこんでいく作業は非常に骨が折れるとともに、リスク（不確実性）が高く、出口までの「足が長すぎる」ため、金融機関からするといつになったら自分たちの商売につながるのかが見えないという事

ファンド
「カネは用意したが、
タマがない」
委員会
「あれすべき、
これすべき」
地方創生の
「ドーナツ化現象」
を超えて
創業支援
1位 飲食店
市民
アイデアソン
「あれ欲しい、
これ欲しい」

情はわかる。だが従来のやり方では、何も変わらない。ドーナツの外側を豊かに見せているに過ぎない。

事業プロデュース機能を持ち、ドーナツの内側を主体的に作りこむためには、金融機関経営に長期的視座とコミットメントが必要になる。これはマイナス金利などの異次元の収益環境に直面する中、全ての地域金融機関にできることではないだろう。地域を愛し、不確実性や長期性に対して腹を括れる経営トップがいる金融機関のみができることだと思う。

市民アイデアソンの限界

ドーナツ化現象は、自治体の創生総合戦略についても言える。今回の地方創生総合戦略の策定では、市民参加型のアイデアソンなどが多数実施され、そこから数百ものアイデアが生まれている。しかし、そこで市民から提案されたアイデアは、ほとんどが自分でやる事業や活動ではなく、行政への期待や提案の類である。自治体は市民から提案されたアイデアをまとめ、優先順位を付けて整理し、地方創生総合戦略に反映するものの、そこにはアイデアはあっても挑戦する事業主体がいない。「あれが欲しい、これが欲しい」、「あれをすべき、これをすべき」と言うのは簡単だ。問題は誰がリスクをとってその事業やプロジェクトを進めるのか、挑戦する主体は誰かということである。

KPIは「雇用」の創出ではなく、「経営者」の創出

また多くの地方創生総合戦略においてはKPI（重要業績評価指標）が「雇用」に設定されているが、これは正しいアプローチなのだろうか。言うまでもなく地方創生は事業創造が基盤である。これがなければ、雇用の創出も人口の再生もない。地方の若者は、生まれ育ったまちがたとえどんなに好きだったとしても、「喰っていける働き口」がなければ域外に出て行かざるを得ない。したがって若者にとって「やりがいのある仕事」をいかに創造するかは地方創生の最大の課題といっていい。このため、地方創生事業のKPIとして「雇用の創出規模」があげられることになるのだが、しかしどうやって雇用を創出するのか。かつてであれば企業誘致や公共事

業が雇用創出の切り札となり得た。しかし今はこの2つとも極めて難しい。

新しい地方創生においてKPIとすべきは、「雇用」の創出ではなく、まず「経営者」の創出ではないだろうか。そもそも「雇用」の概念には、誰かが仕事を作ってくれるという受動的で他者依存の考え方が根っこにある。その考え方では残念ながら地方に突破口はない。時間はかかっても自ら仕事を作る「経営者」の創造こそが必要である。新しく生まれた事業は最初は小さいかもしれないが、そのうちいくつかは成長し、人を雇うようになっていく。これは長期的プロセスであり、即効性ある雇用政策とは言えないが、地方にやりがいある仕事を創造する王道であると思う。自ら経営者になれるまち、若者がしがらみなく挑戦できるまちに若者は流入するだろう。

イノベーション・プログラムの基本デザイン

これから述べる「イノベーション・プログラム」は、前記のような地方創生に対する私たちの問題意識を背景とした新しい挑戦である。以下、その設計思想を述べる。

事業創造の主役は、地域に根をはる「火の玉人材」

地域における事業創造の担い手は、その地域に根をはって生きていく人材に他ならない。地域を愛し、新しいことに自ら挑戦しようとする主体性を持った地域の

「火の玉人材」が本プログラムの主役となる。

しかし残念ながら、地域の商売には既得権があり、出る杭は打つ、足を引っ張るという風潮がままある。地域の経営者の間には序列やしがらみがあり、その人間関係抜きに新しいことを進めようとしても協力は得られない。おのずと地域人材は挑戦に対して自己抑制が働き、新しいことをせずに大人しくしているようになる。地域における新事業創造にはこのように見えない障壁、障害がある。

地域から新しいものを生み出すためには、この硬直化した保守的なコミュニティの風土・構造を変える必要がある。硬直化した関係性のまま「産学官金労言の連携」を図ったところで何も変わらず、新しいものも生まれない。とはいえ、既存の構造を変えるのは抵抗が大きい。したがって本プログラムでは、既存の構造とは別に、その枠外に新しい構造を創り出す。ムラ社会のしがらみにとらわれずに新しいことに挑戦できる、地域に潜在化する火の玉人材たちを中心とした新しいコミュニティを立ち上げる。

この新しいコミュニティのメンバー(イノベーション・プログラム参加メンバー)として

地域から集める人材の条件は次のとおりである。

①新事業開発に対するモチベーション、必然性を強く持つ人材
②尖った人材、主体性のある人材
③将来、当該圏域で事業を起こす意志があること

すなわち本プログラム参加者は、新事業開発に対するモチベーションや必然性を強く持つ人材が望ましい。またバランスのとれた人材よりは、少し変わったことをやろうとする尖った人材や、自ら動く主体性の高い人材が望ましい。そして、将来当該地域圏において新たな事業を起こそうとする意志があることが条件となる。以上の条件を最重視しながら、女性比率、出身地域構成などの〝ダイバーシティ〟や〝次世代人材育成〟なども考慮して最終的なメンバーを選抜する。

プログラム参加者は、ノミネート制、公募制などを組み合わせて選抜する。ノミネートの場合の候補者のリスティングは、地域金融機関や自治体、地元経済団体などの協力を得て行う。そしてプログラム参加者の人数は50名程度までに限定すべきと考えている。理由は、革新者から生の直接的刺激を受けたり、参加者同士で新しい事業を構想したりするなど「ディープな交わり」をこの場の運営方針とするためである。

敢えて外の血を使ってかき混ぜる「混血型事業創発」

こうして地域の火の玉人材たちを集めたコミュニティは、だがそのままでは成長に限界がある。例えば事業アイデアが閉塞する、モチベーションが停滞する、仲良しクラブの呑み会化するなどの事態に陥りやすい。

したがって、このコミュニティに継続的に外部から刺激を与え、かき混ぜるような枠組みが必要とされる。イノベーション・プログラムではこの刺激源として100人の「革新者」を活用する。異質な着眼点と卓越した突破力を持つ全国レベルの革新者を、地域で新しい事業に挑戦しようとする火の玉人材たちにぶつけ、地域人材の潜在的な力を引っ張り出す。

地域の火の玉人材は、外部の異質な革新者と混ざることによって「発火」する。

すなわち、

①目標像（ロールモデル）を発見し、
②着想（アイデア）を拡張し、
③挑戦心（モチベーション）を高揚させ、
④経営資源の結合（コラボレーション）に動き始める

といった化学反応が起こる。こうした「化学反応」がいくつかのプロセスを経て、新事業の立ち上げや発展的事業転換、合弁会社の設立といった具体的な事業創発につながっていく。

イノベーション・プログラムの4つのセッション

イノベーション・プログラムは次の4種類のセッションによって進める。

1．キックオフ・セッション

[イノベーション・プログラムの基本構造]

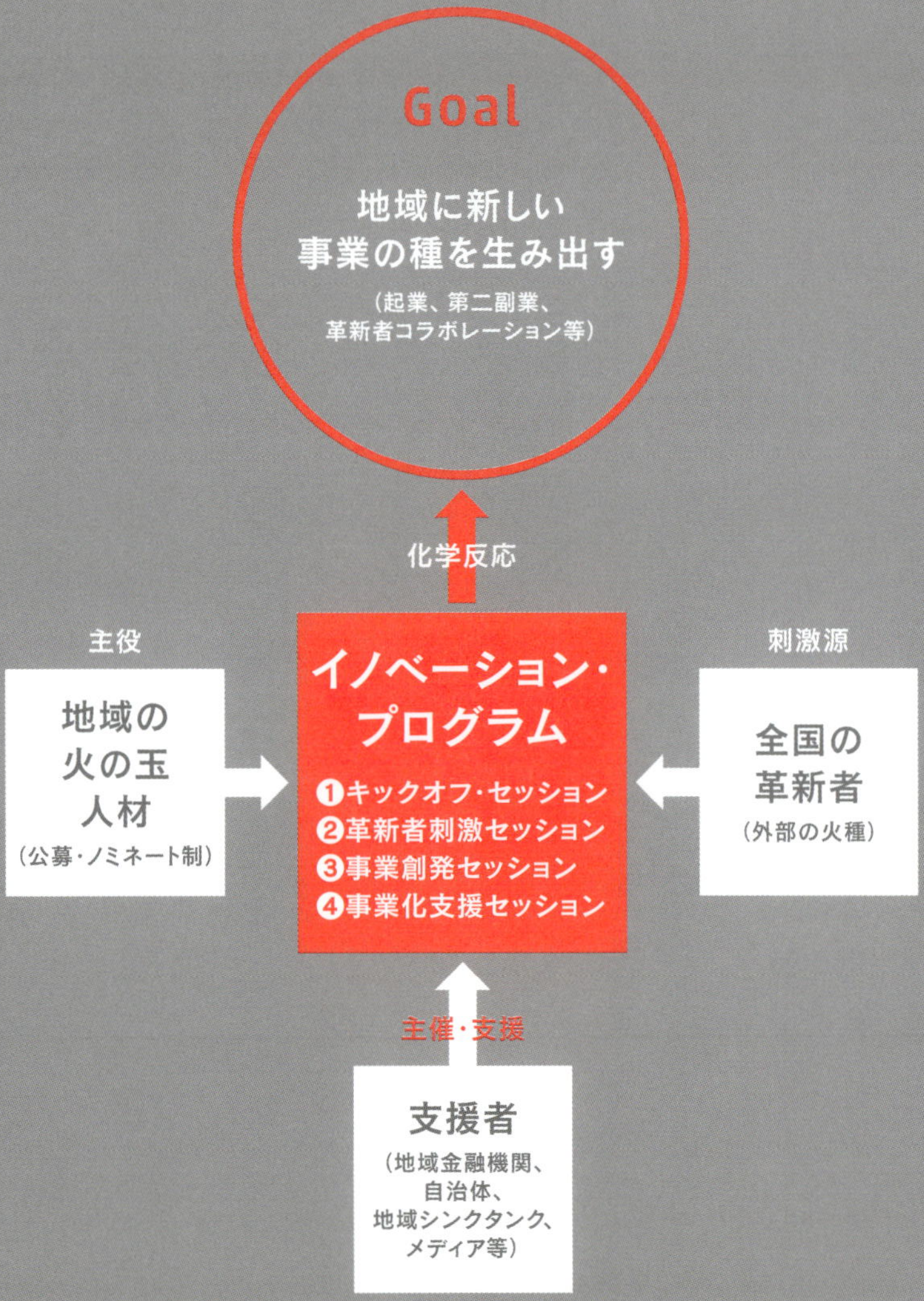
Goal
地域に新しい
事業の種を生み出す
(起業、第二副業、
革新者コラボレーション等)
化学反応
主役
地域の
火の玉
人材
(公募・ノミネート制)
イノベーション・
プログラム
❶キックオフ・セッション
❷革新者刺激セッション
❸事業創発セッション
❹事業化支援セッション
刺激源
全国の
革新者
(外部の火種)
主催・支援
支援者
(地域金融機関、
自治体、
地域シンクタンク、
メディア等)

2. 革新者刺激セッション

3. 事業創発セッション

4. 事業化支援セッション

すなわち、まず地域において新事業開発に対する意欲や必然性の高い人材を集めて人数限定型の濃いコミュニティを作り（キックオフ・セッション）、そこに革新者による刺激を連続的に与えながら（革新者刺激セッション）、地域人材自らによる新事業の企画を促し（事業創発セッション）、そこから生まれた事業構想を実現するために支援者とのマッチングを図る（事業化支援セッション）、という一連のプログラムによって推進する。

イノベーション・プログラムの必要期間については、様々なバリエーションがあり得るが、ＴＩＰの場合は約5ヶ月間をかけた。

以下では各セッションの進め方について述べる。

1. キックオフ・セッション
自分たちは何のためにここにいるのか？

最初にやらなければならないことは、地域において新事業開発に対する意欲や必然性の高い人材を集めることである。キックオフ・セッションでは新事業に挑戦しようとする人材のコミュニティを作り、ゴールを共有する。濃いコミュニティとするため、プログラム参加メンバーの数は50名程度に限定する（TIPの場合、登録ベース70名、実態ベースは50名程度になった）。

キックオフ・セッションの目的は大きく2つある。第一に、参加メンバー全員に「自分たちは何のためにここにいるのか？」という根本をしっかりと腹に落としてもらう必要がある。プログラム初期段階でその目的の共有を疎かにすると、後から右往左往することになる。このため、いくつかの手法を用いて本プログラムの目的、ゴール、進め方をしつこく伝える。

第二に、キックオフ・セッションには同じ志を持ち集まった仲間と知り合うという目的がある。本プログラムに参加するメンバーはいずれ誰かとチームを作り、新しい事業構想を立案することになる。それを円滑にするためにはプログラム全体を通じて互いの持ち味や性格を知り合う機会を随所に作りこむ必要がある。キックオフ・セッションはその最初の日となる。ここでは自己紹介ワークショップの開催、参加メン

キックオフ・セッションの主な内容

1. トップ・メッセージ（市長、理事長など）
2. プログラム・オーナーたちによるパネル・ディスカッション
3. 自己紹介ワークショップ
4. 参加メンバーの顔写真付き紹介冊子、
   フェイスブック等のSNSグループ立ち上げ
5. 呑みニケーション（相互理解）

バーの顔写真付き紹介冊子の作成とともに、フェイスブック等によるSNSグループも立ち上げる。TIPの実践経験から言うと、SNSグループはプログラム外での情報交換やコミュニケーション、一体感の醸成、モチベーションの維持などにとって極めて有効なツールになり得る。

2. 革新者刺激セッション

イノベーション・マインドに火を付ける

次に、革新者刺激セッションを起動する。革新者刺激セッションは、全国レベルの革新者(イノベーター)たちを地域人材(プログラム参加メンバー)に連続的にぶつけ、化学反応と行動変容を促すものである。敢えて外部の血を混ぜることによって、地域の閉塞状況を突破するという混血型の手法は本プログラムの大きな特徴の1つである。

革新者刺激セッションの進め方

革新者刺激セッションは、1ヶ月に1度くらいの頻度で複数回、連続的に開催する。約半年間のプログラムにおける序盤から中盤にかけて開催する。1回のセッションにつき招聘する革新者は1～2名、所要時間は3～4時間程度を見込む。革新者刺激セッションは毎回次のようなプロセスで進める。

①革新者によるトーク

革新者から、事業内容、着眼の切り口、今までにないユニークネス、社会課題解決との関係性、革新的事業であるがゆえの苦悩や突破法などについて語っていただく。30分～1時間程度の講演形式をとる。プログラム参加者は革新者を取り囲むような形で話を聴く。

②会場参加型ディスカッション

革新者によるトークの後は、プログラム参加者が革新者に是非聞いてみたいことについてオープン・ディスカッションを行う。このとき参加メンバーが少人数ならば自由なディスカッション形式でもよいが、50名ともなれば自由に挙手して質疑応答を繰り返す方式では発言者に偏りが出たり、あまり価値があるとも思えない質問に時間を費やしたりするリスクがある（質問偏在リスク）。こうした状況を避けるため、まず参加メンバーに革新者に聞いてみたいことを一言で付せんに記入してもらい、その付せんをファシリテーターが集めて短時間に構造化し、有用と思われる質問をピックアップしながらディスカッションを進めるという方式（ブレイン・ライティング）を採用することが多い。このディスカッションに費やす時間は約1時間程度である。

③ネットワーキング

革新者に対する質問や対話は1時間では到底足りるものではない。そこで前記のディスカッションの後に、より自由に、革新者と参加メンバーとが対話できる交流会を毎回設定する。この時間は革新者と話をしたり連絡先を交換したりする他、参加メンバー同士の相互理解を促すための時間でもある。なお革新者と話をする人が特定のメンバーに限定されてしまうリスク（対話独占リスク）があるため、事務局は適宜革新者を様々な参加メンバーに会わせるよう革新者に随伴しながら会場全体をかき混ぜる。このネットワーキング・タイムは1時間〜1時間半程度を想定し、許されるならば缶ビール片手にカジュアルに交流できるような設定が望ましい。

④フォローアップ

革新者刺激セッションの当日のオペレーションは上記①〜③で終了するが、この場をきっかけとして、革新者と参加メンバーとが意気投合し、コラボレーション事業などについてその後も話を進める場合がある。その場合は、両者の自主的なコミュニケーションを原理原則としつつ、事務局は適宜必要なサポートや相談にのる。

以上が革新者刺激セッションの運営に関する基本的な流れとなるが、その実施回数、頻度、招聘する革新者の人選、会場設営などの事務事項は、スポンサー兼事務局と野村総合研究所が相談の上で決定する。通常、野村総合研究所は当該地域に招聘すべき革新者を10～20名程度ピックアップし、候補者リストを事務局に提出、希望優先順位を事務局に検討いただいた上で個別の革新者との交渉にあたる。ちなみに革新者は非常に忙しく、当然のことであるが講演や地方巡業を本業にしている人たちではない。つまり謝金の多寡で動く人たちではない。なのになぜ革新者は各地域のイノベーション・プログラムのフィールドに来てくれるのか、野村総合研究所はどのようなコーディネーションをしているのかという質問をよく受ける。特別な秘密はない。3年間かけて培ってきた100人の革新者との人間関係、信頼、相互協力、およびこのプログラムにかける思い

TIPで招聘した革新者たち

第1回革新者刺激セッション　2015年8月8日(土)

Ubdobe	岡 勇樹 代表
スペースマーケット	重松大輔 社長

第2回革新者刺激セッション　2015年8月22日(土)

スノーピーク	山井 太 社長

第3回革新者刺激セッション　2015年9月12日(土)

仕事旅行社	田中 翼 代表
コッコファーム	松岡義博 会長(創業者)

第4回革新者刺激セッション　2015年10月3日(土)

KDDI ∞ Labo	江幡智広 Labo長
東京藝術大学	宮廻正明 教授(社会連携センター長)

や志が革新者と呼応しているからだと思う。

革新者が地域人材に与える影響

革新者刺激セッションを通じて、プログラム参加メンバーは具体的にどのような刺激を得、どのように変容していくのであろうか。以下ではこれまでの実践から得た観察結果を述べる。

①全国トップレベルのイノベーションの水準を知る

一般に地域における起業というと飲食業、理美容業などの順に多く、残念ながら革新性の度合いも低いものが多い。イノベーション・プログラムの参加メンバーとて当初は同じである。しかし革新者の話を聴くうちに、全国レベルのイノベーションの水準というものを体感し始め、自分の考えている事業のユニークネス、インパクト、スピードなどの不足に気づく。

②新しいことをやってみたいというモチベーションに火が付く

こうした刺激が連続的に与えられることにより、参加メンバーたちは自分も革新者のようなイノベーションを実現したいと思うように変わっていく。もともと新事業開発に対するモチベーションや必然性が潜在的に高い人たちを集めているため、革新者のイノベーションを次々に目の当たりにすることによってウズウズし始める。

③着眼の方法や困難突破の方法についてヒントを得る

参加メンバーは思いの高揚だけでなく、実践面でのヒントもつかんでいく。革新者の着眼の鋭さ、社会課題に対するひねりの利いたアプローチ、度重なる困難にもめげずに課題を突破する姿勢などに触れることによって、それらを自分の場合に置き換えて具体的に考え始める。

④革新者と組んで何かできないか企画する

参加メンバーの中で最も急進的な人たちは、革新者から学ぶだけではなく、革新者と直接コラボレーションして新事業を立ち上げようとする。実際に十勝のケースでは最終的に10の事業構想が生まれるが、そのうち2つは革新者とのコラボレーション事業である。

ジリジリ、ムズムズし始める地域選抜メンバーたち

革新者刺激セッションを連続して実施するうち、地域からの参加メンバーはジリジリ、ムズムズし始める。実際に十勝の場合でも次のような反応が見え始めた。

- 革新者、凄いな
- 勉強・刺激になった！
- 早く自分たちで何かやりたい！
- 革新者と組んで何かやりたい！
- 銀行とか市役所とか何してくれるの？

このうち最初の2つの反応は想定どおりであった。だがイノベーション・プログラムの参加メンバーに期待している反応は実はこれらではない。刺激、学びはあってあたりまえ。いわゆる勉強会や講演会ではなく、それを超えて欲しいと思っている。

参加メンバーの中には、革新者刺激セッションの3セットめあたりから、「早く自分たちで何かやりたい」という反応を示す人たちが出てきた。さらに革新者と組んで新しい事業構想の立案に向け話し合いを始める人たちまで出てきた。こうした人材、これらの反応こそがまさにイノベーション・プログラムが求めているものである。こうしたジリジリ感、ムズムズ感が内発的に出てきた段階でプログラムは次のステージ、事業創発セッションに移る。

なお、革新者刺激セッションを受けてもなお、「で、銀行や行政はこの先何してくれるの?」といった反応を示す人もいる。残念ながらこうした人はイノベーション・プログラムに向いていない。革新者たちの思想や行動に触れてもなおこのような依存的な意見しか出てこないようでは、この先もその態度は変わることはないだろう。こういうタイプは次の事業創発セッションにおいて自然と離脱していく。

3. 事業創発セッション

地域人材の強みをつないで新事業αを構想する

革新者刺激セッションによる連続的刺激を経て、参加メンバーたちは次に自ら新事業を構想する「事業創発セッション」へと進む。

事業創発セッションの進め方

事業創発セッションは概ね次のようなプロセスで進める。①~④がDAY1、⑤

〜⑦がDAY2であり、それぞれ1日に要する時間は6〜8時間程度で、参加メンバーもファシリテーターも高い集中力を発揮する必要がある。

DAY1

①個人アイデアのスケッチ

まず参加メンバーが自ら取り組んでみたい事業アイデアを個人ベースでアウトプットすることから始める。この段階では、事業を一言で表現すると何か？それを3点の箇条書きで説明するときのポイントは何か？といった程度のラフなアイデア・スケッチで構わない。とにかく自分がやりたいことを吐き出すことがポイントである。1つの事業アイデアをA4 1枚のアイデア・スケッチ・シートに書き込んでいく。1人3〜5個程度のアイデアを出すようにしたい。TIPではこの段階で約50名のメンバーから250を超えるアイデアが生み出された。

なお、自分がやってみたい事業アイデアは、この場でいきなり考えるよりも、これに先立って自らのWantsを掘り下げるプロセスが何度かあったほうが出てきやすい。自分が本当にやりたいことをアウトプットするのは本来時間のかかる作業だからである。このためTIPでは、事業創発セッションに入る前から（革新者刺激セッションの段階から）、自分の問題意識や事業アイデアについて語り合う場やペア・ブレストなどを適宜実施してきた。

②アイデアを大テーマに集約する

個人ベースの事業アイデアが多数出てきたら、次にこれらの事業アイデアを束ねて大きな塊にしていく。ファシリテーターは、提出された大量の個人アイデアを俯瞰しながら、同じ目的意識を持つ事業群（大テーマ）にグルーピングしていく。例えば、「農業・食」、「観光・アウトドア」、「人づくり」などである。TIPの場合、250を超える個人アイデアは10個程度の大テーマに集約されていった。このアイデアの集約・統合プロセスは、ファシリテーターがその場でいっきに行う。

③チーム・ビルディング

次に、この大テーマを軸に参加メンバーたちにチームを作ってもらう。以後はこのチームベースでディスカッションをしながら事業構想を作り上げていく。チームの構成員数は2名以上とし、単独《ひとり》での事業は本プログラムの対象外としている。なおここで作るチームは暫定的なもので、最終的な事業推進チームとは異なっていてもよい。

④優先的に取り組む事業アイデアの選択

大テーマごとに集まった参加メンバーは、まずそれぞれの個人アイデアを相互に相手に伝え合い、どんな事業アイデアがあるのかチーム全員で共有する。その後、類似の事業アイデアや、結合することによって発展しそうな事業アイデアなどをグループ化しながら、いくつかの事業アイデアに集約していく。この段階で全てのアイデアが1つに連結・集約されれば良いが、普通は種類の違うアイデアが存在するため、ここでは最大3個程度の事業アイデアにまとめるようにする。

次に、仮に3個の事業アイデアに分かれたとした場合、チームとしてどの事業アイデアに優先的に取り組みたいか、話し合いによって決めてもらう。もし優先的にやってみたい事業アイデアに対する意見がチーム内で分かれた場合、チームを分割することもできる（1チームの構成員は最低2名）。

各チーム、優先的に取り組む事業アイデアが1つだけに決まったら、そのアイデアについてチームでディスカッションをし、DAY1の締め括りとして全体の前で発表してもらう（3分程度のプレゼン）。この段階では事業アイデアは未完成であり、まだふわふわして地に足がついていないものが多いが、それで良い。「事業計画」としての精度よりもチームとしてどのような方向の「事業構想」を今後進めたいのか、その方向性を選択し合意を形成することが狙いである。

DAY2
⑤ビジネスモデル・キャンバスに描く

DAY1で各チームが選んだ事業アイデアを、今度は「ビジネスモデル・キャンバス」を用いてビジネスとして過不足なく表現するワークショップへと進む。各チームの問題意識や夢、ビジョンなどを具体的にビジネスにするために考えなければならないことは何か、足りないものや見落としている点は何かなどが、ビジネスモデル・キャンバスをベースに議論することによって明らかになってくる。中には、この作業を通じて、そもそもこの事業アイデアは違うんじゃないかと根本に立ち返ることもある。そんな行きつ戻りつを繰り返しながら、徐々にアイデアを事業らしい形へと近づけていく。

なお、野村総合研究所ではここで一般的なビジネスモデル・キャンバスのフレームではなく、本プログラム用に改造したフレームを用いている。この改造フレームでは事業収支などの数値面の検証部分を簡便化し、ハードルを下げている。理由は、初めから事業採算性などの数字の議論にはまり込んでしまうと構想自体が小さくなったり、ありきたりのものになってしまったりする可能性があるためである。これからスタートアップする事業の夢やビジョンを殺してしまわないように配慮しながら、徐々にそれをビジネスへと近づけていくのがワークショップ運営のポイントだと心得ている。

⑥インパクト、地域らしさなどのチェック

ビジネスモデル・キャンバスを用いた事業構想の検討が一段落した段階で、再度その構想を自分たちでチェックする。ここでは特に、「インパクト」と「地域らしさ」の2つをチェック・ポイントとして重視している。インパクトとはその事業構想が将来的にもたらす経済的・社会的影響の程度（質的、量的側面）を指すが、より客観的には想定される事業規模が当てはまる。また地域らしさとはこの地域の特徴をどの程度活かしているかを指し、具体的には地域資源の活用度や地域産業との相乗効果などを検証する。インパクトと地域らしさの両方の観点から魅力的であれば、今後幅広い支援機関の協力を得やすい。

⑦事業ストーリーの発表

上記の議論をチームで繰り返し、DAY2の終わりに各チームのここまでの事業ストーリーを発表する（5分程度）。DAY1で発表したときよりはビジネスとしての骨組みがはっきりしてくるものの、やはりこの段階でもまだまだ事業構想とは呼べないレベルなのが普通である。時間が圧倒的に足りないのだ。

このため、事業創発セッションが終わってから次の事業化支援セッション（最終発表会）に至るまでの期間は、各チームに自主的に集まってもらい事業構想発表に向けたブラッシュアップ作業を継続してもらう。

Wantsから出発する

さて、事業創発セッションのプロセスは以上見てきたとおりであるが、ここには一般的な起業塾やイノベーション・スクールとは違った特徴を埋め込んでいる。

その第一は「Wantsから出発する」という点である。Chapter 3の革新者のキラー・スキルで見たとおり、私たちは何か事業を創造しようとするとき3つの観点からアプローチすることが多い。Wants＝やりたいこと、Can＝やれること、Must＝やらねばならないことの3要素である。事業として成立するためにはこれら3要素

自らが欲しいサービス、見たい世界、助けたい人を原動力とする！
義憤や願望や愛情から出発する！

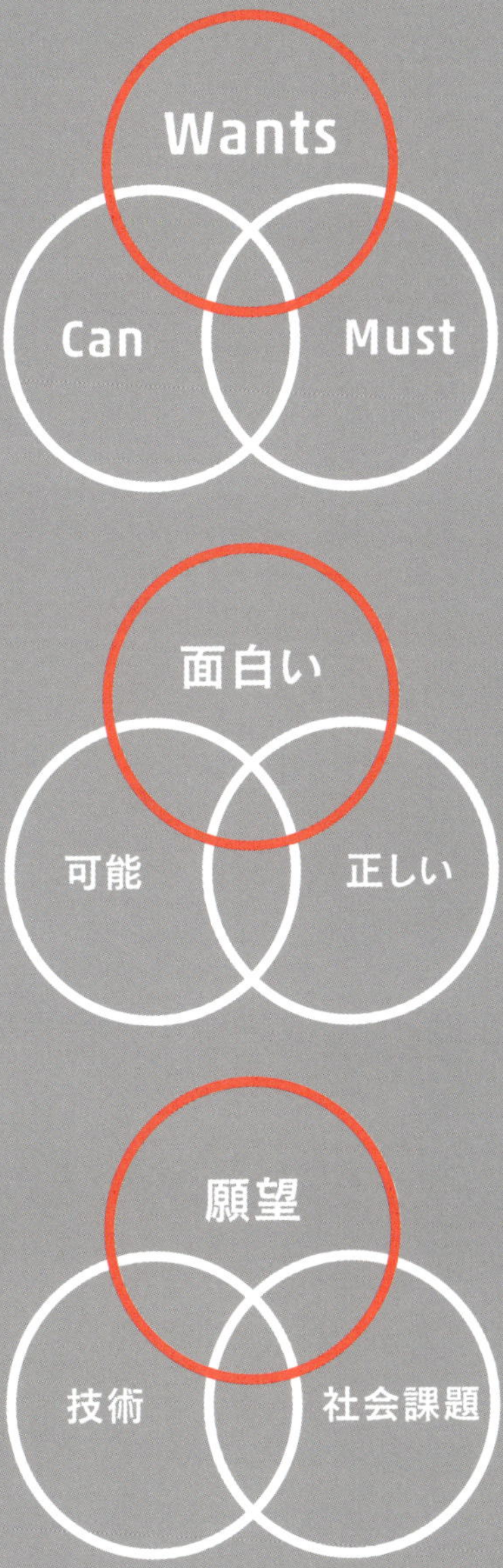

全てを満たさねばならない。つまり最終的な事業案は3つの輪の交点に向かう。しかし問題は、最初に事業アイデアを考え始めるときにどの要素から入っていくか、何を軸にするかという点である。

一般に世の中の他のプログラムでは、Must＝やらねばならないこと＝社会課題、社会Needsから事業企画に入るパターンが多い。あるいは技術志向の強いプログラムの場合はCan＝やれること＝先端技術応用から事業企画に入るパターンもある。他方、本プログラムでは、革新者の思考と同様に「Wantsから出発する」ことにこだわった。何がやりたいのか、なぜやりたいのか、何を変えたいのか、こうした問いを何度もぶつけ、参加メンバーのWantsこそが、これらから作り上げていく事業構想の軸（ベース）となるようにした。

Wantsから出発し、Wantsを軸にすれば、自ずと主体性が引き出される。社会が必要としているからとか、新しい技術を活用してとかではなく、自分でどうしてもやりたいからという内発的動機付けは、今後様々な壁にぶち当たってもそれを乗り越えていく原動力になる。逆に言うと、Wantsを軸にすれば当事者に「逃げ道」はない。なぜなら自分がやりたいと言ったのだ。本プログラムは地方創生におけるドーナツの穴を埋めるべく、事業構想と事業主体を同時に創り出すことを目標にしている。そのためには主体性を持った挑戦者の創出が必要であり、その主体性を引き出すためにWantsを起点とするプログラム設計にこだわっている。

各人材の強みをつないで、新事業αを構想する

第二の特徴として、イノベーション・プログラムでは単独の起業プランを対象とせず、複数の人材の強みをつないで新事業を生み出す方式にこだわっている。例えばAさんが農業、BさんがIT企業のエンジニア、Cさんがデザイナー、Dさんがイベント企画マンだとした場合、本プログラムでは個別の事業の成長戦略は支援せず、これらの強みをつないだ新事業αの構想を専ら促進する。すなわち最低でも2名以上のコラボレーションを条件とした。ここでは革新者とのコラボレーションももちろん対象になる。

各企業・人材の強みをつないで、
新事業を構想する！

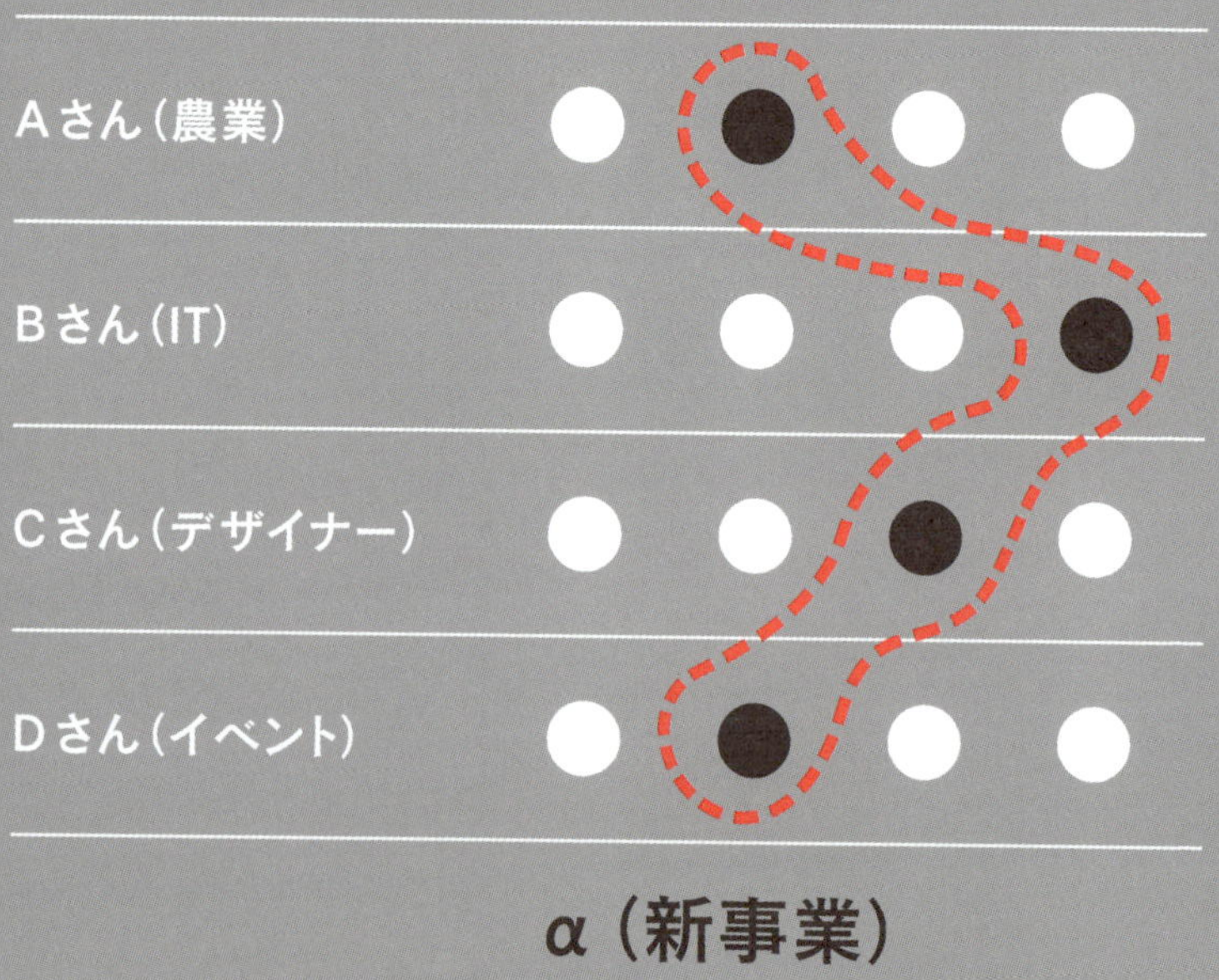

そのようなルールとした理由は、個別の起業プランだと現状の事業の延長上に止まるケースが多いためである。革新者のキラー・スキルで見たように、革新には異なる発想や異なる能力との結びつきが必要とされる。その状況を半ば強制的に作り出すために敢えて複数の人材の強みをつないで創造する方式をルールとした。

とはいえ、誰でもいいから複数の人材がつながれば新事業が生まれるというものではない。誰と組んでどんな事業を構想し進めるかについては、参加メンバーにも相当の試行錯誤があったように思う。誰と組んだら新しい発想が生まれ、事業としてテイクオフできるかについて一般解はない。その化学反応は予測できないとも言える。事務局としてもチーム・ビルディングにあたって参加メンバーの主体性を第一とし、積極的な介入は行わなかった。しかし敢えて言うならば、志や価値観が近しく、能力が異なる組み合わせが有効であると感じる。

この時、最適な組み合わせ人数は何人くらいなのか？　この質問も難しい。TIPでは2人のチームも、3人のチームも、あるいは7人、8人といったチームも形成された。途中の議論の過程を見ていると、2人では多様性が少なすぎてアイデアの展開力に欠ける傾向があった。こうしたチームには野村総合研究所のコンサルタントを投入して議論の活性度を高めるように努めた。他方、チームの人数が多くなるとアイデアの多様性は出るが、総じて発言機会が少なくなり、発言量にも偏りが生じる傾向があった。またアイデアの統合に苦労しているようであった。さらに、実行局面に近づけば近づくほど大人数型は推進が難しくなっていく。むしろ2人、3人チームのほうが意思決定が早く、行動力があるように見受けられた。このように人数と構想力、実行力との間には難しいトレードオフが存在しており、しかも個々人のキャラクターやリーダーシップによっても違いが出てくるため、最適なチームの規模は簡

参加メンバーによる事業創発セッション×2セット

単には結論付けられない面がある。事務局は各チームの状況を見ながら都度的確な支援を探っていく必要がある。

なお、1人でやったほうがいい、複数でやると無責任になるという考え方もある。本来事業というのは誰かが腹を決めてリスクを背負って進めるものであり、みんなでワイワイやるものではないとの意見には一理ある。しかし少なくとも構想段階では開かれたパートナーシップによって異なる要素との結合を図ったほうが事業アイデアの質的な進化にとって有効である。個別の起業に関しては、既に地域金融機関や行政に支援制度があるので、それらを活用してもらうことにしている。

主体性を殺さない

第三の特徴は「主体性を殺さない」という点である。これには前述の「Wantsから出発する」という方法論も含まれるが、その他にも本セッションでは参加メンバーの主体性を引き出し、事業主体として顕在化させるためのいくつかの方法を埋め込んでいる。

例えばTIPでは「事業計画」という言葉は一度も使わなかった。代わりに「事業構想」や「事業コンセプト」という言葉を用いている。いわゆる事業計画ではないから、収支計画（PL、BS、CS）、組織計画、資本政策、事業展開スケジュールとマイルストーン、KPIなどは検討内容に含めなくてもよいことにした。そうした計画論的な「詰め」よりも以前にもっと構想の魅力そのものを高めて欲しい。加えて、「絶対にやる」という逃げない主体性を引っ張り出したい。そうした考え方からTIPでは事業計画書の作成ではなく、事業構想のデッサンと事業主体の生成に力点を置いた。

「事業構想」に含めるもの

- 事業の目的や動機（なぜその事業がやりたいのか？　なんのためにやるのか？）
- 何が新しいのか？（今までのやり方と何が違うのか？　ユニークな着眼点は何か？）
- ターゲット顧客と提供価値（誰が顧客となるのか？　どんな価値を提供するのか？）
- 事業のインパクト（事業規模はどれくらいになるのか？）

■足りないものの明確化（事業を実現する上での課題は何か？ 何を支援して欲しいのか？）

事業創発セッションはゼロから1を生み出す作業である。参加メンバーの想いをカタチにすること、その主体性を引き出し、新しい挑戦を始めるマインドを醸成すること、そしてそこから生まれたアイデアを徐々にビジネスになるように近づけていくことに目的がある。もしこの段階で事業計画としての落ち度を責めるような詰問を浴びせかければ、事業の種自体が死滅しかねない。事業の成立性を高めるための指摘はもう少し後でもよい。その意味ではコンサルタントやアドバイザーはしゃべりすぎてはいけない。事業を創り出す主体はあくまでチームであり、コンサルタントやアドバイザーではない。コンサルタントやアドバイザーは自分の経験や意見を押し付けず、チームから頼まれたことに対し全力で応えるようにする。

モチベーションや主体性といったものは、本人の内部から湧き上がってきてこそ意味があり、内的な欲求や動機に強く支えられていることが大事である。参加メンバーは自らモチベーションの火を燃やすから本気になるのであって、誰かにモチベーションを上げてもらったなんて思ったら、やる気が失せる。自ら考えたアイデアだからこそこの先反対にあってもやり遂げようとするのであって、誰かに教えてもらったアイデアならば簡単に折れる。くどいようだが、参加メンバーの主体性を殺してはいけない。

4. 事業化支援セッション

これは発表会じゃない、開始宣言だ

事業創発セッションで各チームが作り上げた事業構想はこのままではまだ種でしかない。これらの事業構想を支援者たちの前で発表し、その面白さと不足するところの両面を評価してもらい、事業構想の実現に向けたパートナーシップへとつなげる。それが事業化支援セッションである。

一転して厳しい質問を浴びせかけるリハーサル

TIPでは事業化支援セッション本番までの間にリハーサルを実施した。このリハーサルでは、これまでから一転して厳しい質問を各チームに浴びせかけた。売れるの？　ターゲットはあっているの？　収入はどう上がるの？　客をどう集めるの？　どう感動を与えるの？　どれくらいお金がかかるの？　もっと的を絞れ！楽しいだけじゃだめ！　など、アドバイザーたちのコメントは容赦ない。いわゆる「壁打ち」である。

ところでなぜこの段階に至るまで事業構想を「詰める」質問をせず、ここに至って逆に嵐のように問うのか？　それは事業の種というのは弱く、脆く、それをビジネスの常識で叩き潰すことは簡単だからである。なぜ駄目なのか、なぜできないのか、欠けている点を指摘するのはさほど難しいことではなく、コンサルタントやアドバイザーにとってお得意の世界である。だからこそここまで我慢する必要があった。事業構想に対する詰めの質問は、挑戦する主体性ががっちりと固まった後で集

一転してリハーサルでは
厳しい質問の嵐

壁打ち

売れるの？
ターゲットはあっているの？
収入はどう上がるの？
客をどう集めるの？
どう感動を与えるの？
どれくらいお金がかかるの？
もっと的を絞れ！
楽しいだけじゃだめ！

❷事業内容を高める

❶主体性を高める

しかしこの段階まで来れば、チームの事業構想内容と
プレゼンテーション・スキルは驚くほど伸びる！

中砲火を浴びせる。そうすればチームは逃げず、事業構想は急速に良くなるという仮説があった。

今なら批判的な指摘を浴びせかけても大丈夫。チームの事業構想内容とプレゼンテーション・スキルは驚くほど伸びることを私たちは経験的に知っていたし、参加メンバーの力を信じていた。アドバイザーからのコメント・シートは全て各チームにフィードバックした。各チームはプログラム外の時間にも集まり、事業構想の改訂を自発的に進めてくれた。

事業構想発表前に突きつけた最終条件

事業化支援セッションでは、これまで各チームが練り上げてきた事業構想を聴衆（支援機関）の前で発表する。こうした節目のイベント設定はアウトプットの質を高める上で必須といえ、発表会があるからこそ事業構想のブラッシュアップにドライブがかかる。

ただし、この場はプレゼンテーションの優劣を競う場ではない。これは「発表会」ではなく新事業の「開始宣言」であり、支援機関とのパートナリングを図る場である。よって本事業構想を今後自ら進める意志のないチームは発表を辞退して欲しいという条件を付けた。これは事業の実行意志を問う厳しいハードルであったと思う。どんなによく練られた構想であっても自分でやる気がないなら発表はできない。

また、早くから細かな数字づくりに意識が向いてしまうと事業構想がしぼんでしまうことを危惧し、数字の話はギリギリまで留保してきたが、ここにきて始めて、概略でも構わないから収支見通しなどの最低限の数値を示すことを発表の条件とした。そして最後に、事業化に向けて何が足りないのか、何を支援して欲しいのかを明確に訴えるよう求めた。課題というのは欠点でも恥でもなく、挑戦するため、助けてもらうためにこそ存在する。

事業構想の発表──どんな事業が生まれつつあるか？

「今後自ら進めるつもりのない事業構想は発表しないでくれ。発表したらその事業を自ら主体となって進める意思表示とみなす」。普通、そんなことを言われたら腰がひける。本業は忙しいし、事業性はまだ詰まっていないし、リスクを負わないといけないし、チームは即席だし、やっぱりやれないんじゃないかと考えて当然である。私たちは、約半分のチームが発表を降りるだろうと思っていた。

ところが、ＴＩＰでは10チームがどうどう事業構想を発表した。発表を断念したのはわずか2チームに過ぎない。東京を始め、事業計画発表会をたくさん見ているが、今回の十勝の10の事業構想とチームは感動的だった。プレゼン慣れした人はほとんどいないが、そのプレゼンは心に訴えるものがあった。十勝を愛する気持ちが充満していた。東京で聞くアイデアは、インターネット一発で世界を変える（？）ビジネスモデルが多いが、十勝のモデルは地域社会システムの問題に絡む複雑なものだった。

10の事業構想の中には地域の基盤産業である農業や観光の魅力をさらに高める事業、全国から若い人材を惹きつける事業、地域人材育成のための新しいアプローチ、革新者とのコラボレーションによる世界初の事業などが含まれていた。総じて事業内容は魅力的であるが、一筋縄ではいかない事業が多く、既存の法制度や商慣習、しがらみを幾重にも突破する必要があった。

「破壊的創造」のための公民連携への期待

事業アイデアはその革新性が高いほど、既存の法規制や商慣習と衝突する。TIPから生まれた10の事業構想もまた、その実現のためには既存の法規制や商慣習を突破する必要があるものが多かった。それは農地法だった

発表された10の事業構想

とかちウェルフードプロジェクト	株式会社フードとかち設立構想
パーソナルエアー事業	イノベイティブ十勝モデル
十勝移住コンシェルジュ事業	Nexster（まなぼうや）
タイニーハウス事業 (畑の真ん中VILLAGE)	Tsukemono Project
体験型食育ビジネス	OUTDOOR VALLEY PROJECT

り、道路交通法だったり、宿泊業の許認可だったり様々だ。ここで、あれこれの法制度があるからできないというのは簡単である。しかし求めたいのはそれにもかかわらず、どうやったらその法制度を突破できるかに関する創造的知恵である。とりわけ地域行政には、この面での新しい役割が期待されている。事業チームと一緒になって法制度の壁を打開する解決策を考え、道を見出し、限定的に実験してみる柔軟性と創造性が必要である。これを「破壊的創造」のための公民連携と呼びたい。

事業化実現へのモチベーションの持続

さて初年度のＴＩＰは事業化支援セッションを以てその役割を終えた。しかしここで生まれた数々の事業構想は、そのまま放置すれば事業化に向けたモチベーションを低下させてしまう恐れがある。この挑戦者たちのコミュニティを維持し、事業化の実現に向けた火を消さないことが今後最も重要である。

事業化の実現までにはまだ時間がかかるだろう。その過程で多くのチームが幾度折れそうになるか計り知れない。だがこういうときの下支えこそが地域の底力である。地域支援機関が中心となって、プログラム参加メンバーが定期的に集まり、それぞれの事業の進捗状況を確認し合い、情報を交換し合い、相互に刺激を受け、さらに事業を前に進めていけるような場を提供する必要がある。各チームがこの段階で求めているのは、ファイナンスよりもメンタリングである。次のステップへ向けた的確なナビゲーション、アドバイス、ネットワーキングなどを提供できれば必ずや事業構想は形になる。

推進体制は、実践的な産学官金言連携体制を構築

以上述べてきたイノベーション・プログラムは、誰がどうやって構築するのか。TIPでは左図に示すような実践的な「産学官金言」の連携体制を構築し、プログラムの実施に必要とされる運営資金、人材、ノウハウなどの面で協力関係を築いた。

TIPでは地域金融機関3行が真ん中に立ち、資金面では100%民間主導によって進めた。しかも帯広信用金庫が筆頭事務局を担い、北海道を代表する地銀2行（北洋銀行、北海道銀行）がサブで入るという異例とも言えるフォーメーションを敷いた。これを帯広市（行政）が側面からバックアップし、米沢則寿市長が毎回出席する

［とかち・イノベーション・プログラム］
のケース

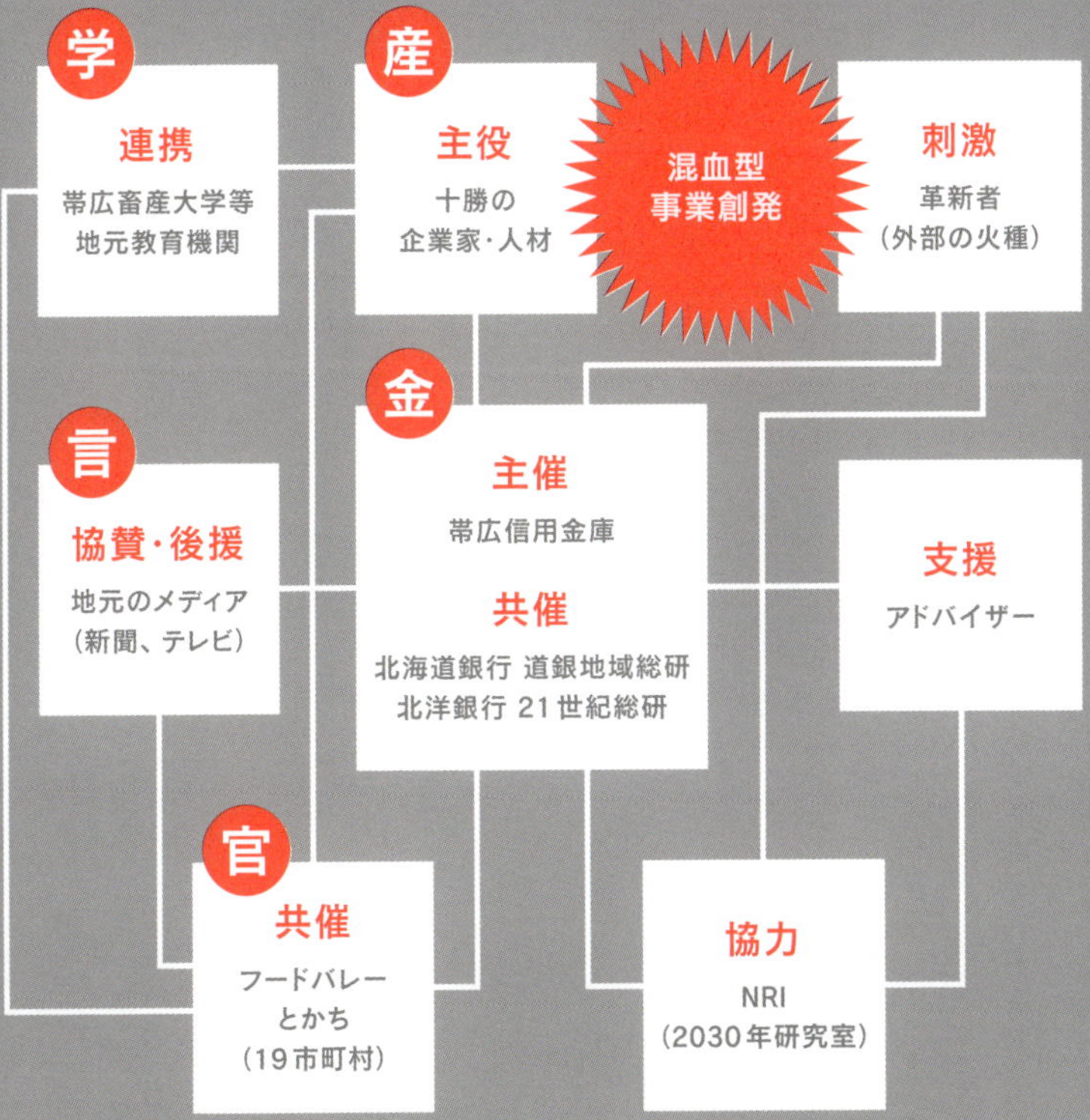

など強いコミットメントを示し続けた。新聞やテレビ局もこのプログラムに注目し、毎回取材、発信するなど同プログラムにポジティブな推進力を与えてくれた。野村総合研究所は、プログラムの企画運営面でこの地域主導体制をバックアップする役割を担った。地域がやるべきこと、地域が主導したほうが上手くいくことは全て地域側で実行し、東京や全国的なノウハウと経験が必要なことは野村総合研究所が支援するという基本方針のもと、一枚岩の事務局体制を形作ることができた。

ここで重要なのは、外形的には組織間連携であるものの、実態的には「顔の見える」個人のコミットメントと人間関係とがプログラムの成否を左右する点である。発注者—受注者という契約書やお金の関係以上に、互いが互いの得意な役割をきっちりと果たしながらプログラム参加者を一丸となって支援していく姿勢が何よりも重要である。

なぜ北海道十勝で成功したのか？

イノベーション・プログラムは北海道十勝を第1号としてスタートし、ダイナミックな成果を生み出しつつある。石破地方創生担当大臣からも先進ケースとして注目していただけるようになった。今後、全国各地域への展開が期待されるが、その前になぜ十勝が1番目だったのか、そしてなぜ十勝では大きな盛り上がりを見せることができたのかについて分析したい。とかち・イノベーション・プログラム（TIP）の挑戦を振り返ることにより、今後同様にイノベーション・プログラムが展開できる地域、できない地域もおのずと明らかになるのではないかと思う。

イノベーション・プログラムが十勝で起動できた理由、盛り上がりを見せた理由には次の諸点があると考えている。

データに現れない地域ポテンシャル

第一に、イノベーション・プログラムがその地域に「はまる」かどうかは、地域の経済規模や産業集積などのデータではなかなか推し量ることができない。適性を見極める上でむしろ重要なのは地域風土である。新しいことに挑戦する気風があるかどうかと、若者たちの間にも地域愛が強くあるかどうかの2つの要素がとりわけ重要である。この「地域愛×挑戦的風土」が潜在的に高い地域は、イノベーション・プログラムがはまる可能性が高い。

北海道十勝の人々は、十勝に対する愛情が強い。ときに大都市札幌に対するライバル意識すら垣間見せるほどに地元十勝に対して強い誇りを持っている。人口規模からみたらとても札幌のライバルとは言えないが、十勝には札幌とは違う北海道型ライフスタイルを創造するポテンシャルと気風がある。

そして十勝には、もともと民間の開拓者たちが入植し、自力で農業、畜産業を大規模で強い産業へと育てていった開拓者精神が宿っている。十勝には「経営者が多い」とよく言われるが、この土地は大企業や支店経済に依存せず独立型の事業経営者が地域経済を引っ張ってきた素地を持つ。一般に、大企業や支店経済への依存度が高い地域は被雇用者（サラリーマン）的な価値観や考え方が強く、自らリスクをとって挑戦しようという気風に欠ける面がある。この点、十勝は他都市とは異なる優位性を持っていた。

他方で十勝モンロー主義とも言われる。自然条件の作用もあって都市間競争の洗礼にさらされずに守られてきた十勝圏域には一種の保守性、お山の大将的な風土も同時に存在していた。このまま自然体で推移すれば、十勝モンロー主義が潜在的な開拓者精神に勝り、その発現を抑え込んでしまっていたかもしれない。しかしイノベーション・プログラムの起動によって若い世代を中心に眠れる挑戦的風土が顕在化し始めた。イノベーション・プログラムと十勝とは非常に相性の良い関係にあったと思う。

不確実性に対するトップの決断力

第二に、イノベーション・プログラムの起動と成功にはトップの決断力が不可欠である。帯広市米沢則寿市長と帯広信用金庫増田正二理事長、この2人がいなかったらTIPは始まらなかった。

イノベーション・プログラムは結果の見えない事業である。どのような事業構想がいくつ立ち上がるのかを予想することはできず、最初に約束することもできない。また事業構想が生み出されたとして、それが法人化され、雇用を生み出すまでの道筋は長い。つまり地域金融機関にとってはビジネスになるまでの確率も時間的距離も予測不能であり、稟議がとおりにくい事業と言える。

こうした予測不能な事業を起動できるのはトップだけである。「革新者」、「化学反応」、「火の玉人材」、「事業創発」といった新しいやり方に対する前例のない不安と結果の不確実性に対して、それでもGOと決断できるのはトップだけだ。したがって地域のトップがどんなリーダーシップ・キャラクターを持っているかがプログラム成立の鍵を握る。トップの腹、器の大きさ、長期的視点、地域愛なしにはイノベーション・プログラムはスタートを切れない。

なお、TIPで米沢市長が果たした役割は本プログラムの起動を決断したことだけではない。米沢市長は本プログラムの全期間にわたって時間があれば必ず毎回顔を出してくれた。こうした精神的コミットメントが参加メンバーに与える影響というのも非常に大きい。

キャスティング（参加メンバー）

第三に、イノベーション・プログラムが結果を出せるか否かは、プログラムの建付けや内容以上に、プログラム参加メンバーのキャスティングにかかっていると言っても過言ではない。つまり誰がメンバーとして参加するかによってその結果は大きく左右される。

イノベーション・プログラムではその参加条件として、新事業開発に対するモチベーションや必然性の高い人材を第一に掲げている。たとえて言えば、地域の有力企業の社長よりはその息子、それも跡継ぎになる長男よりは次男のほうが新事業開発に対するモチベーションと必然性が高く、参加メンバーとして望ましい。またバランスのとれた保守的な人材よりも、自ら挑戦する主体性を持った人材や尖った人材の参加が望ましいと考えている。ちなみに単なる勉強のためという人や、提案をするだけの人材はあまり適さない。この場は講演会でも委員会でもなく、自ら挑戦する人たちのための場であるからだ。

上記のような基準で選ばれた十勝の参加メンバーは非常にバラエティに富んでいた。ノミネートの他、公募制も採用したため、下は14歳の中学生から上は79歳の女性まで、こちらの想像を超えて挑戦的人材が集まった。彼ら、彼女らは産業や年齢や地位を超えてつながり始めた。ミーティングや呑み会を自発的にセットし始め、やがて一種の同窓生のように仲良くなっていった。いわゆる商工会議所とか、青年部とか、ロータリーとかの既存の経済人コミュニティとはまた違う新しいコミュニティが形成されつつある。敢えて言えばそれは「挑戦者たちの集まり」である。

繰り返すがメンバーとして誰を集めるかがイノベーション・プログラムの成否を握る。地元の人材をよく知る地域金融機関や自治体などが連携し、キーになりそうな人材をリストアップし、本プログラムに参加いただくように呼びかけることが必要である。ただし、実際にはやってみるまでわからない。キーマンだと思って参加いただいた人が途中で来なくなったり、逆に予想外の人が力を発揮したりもする。イノベーション・プログラムは人間が織り成すドラマである。だから不確実性も高いが、逆にその化学反応が面白い。

最強のカウンター・パートの存在

最後に、TIPの陰の立役者は、事務局のまとめ役を務めた帯広信用金庫の三品幸広室長である。

イノベーション・プログラムの企画・運営は野村総合研究所が後方支援する。しかしそれを各地域の現場で運用し、火の玉人材たちのコミュニティを適切に維持管理することは私たちにはできない。地域の人材の顔も性格もわからないため無理である。これができるのは地域の人材をよく知る者だけである。地域の人材をどれだけ深く知っているか、信頼関係を構築しているかは、有効なチーム・ビルディングや事業創発にも影響するため、地域人材のコミュニティを適切に掌握する能力は本プログラムにおいて必須である。三品室長はその役割を果たした。

プログラムを効果的に運営する上では、地域の事務局と東京の野村総合研究所との連携協力体制が不可欠である。単純に発注者－受注者という関係では上手くいかない。地域側では、参加メンバーの公募・選抜、会場の手配・設営、参加者の案内と出欠管理、参加者間の人間関係のケアなどを主に担っていただく必要がある。他方弊社は、革新者の招聘、毎回のプログラム準備、当日のファシリテーションなど専門的な業務全般を担う。それぞれが得意とする能力を発揮し、役割を担ってこそ、参加メンバーからみたときに最も有効なチームとして機能する。

［初出一覧］

P.032－043：ダイヤモンド・オンライン『２０３０年のビジネスモデル』第18回（２０１４年５月22日）
P.044－052：ダイヤモンド・オンライン『２０３０年のビジネスモデル』第16回（２０１４年２月27日）
P.053－063：ダイヤモンド・オンライン『２０３０年のビジネスモデル』第17回（２０１４年３月13日）
P.064－073：ダイヤモンド・オンライン『２０３０年のビジネスモデル』第14回（２０１３年12月12日）
P.074－081：ダイヤモンド・オンライン『２０３０年のビジネスモデル』第13回（２０１３年11月28日）
P.082－092：ダイヤモンド・オンライン『２０３０年のビジネスモデル』第11回（２０１３年10月31日）
P.093－101：ダイヤモンド・オンライン『２０３０年のビジネスモデル』第５回（２０１３年４月25日）
P.102－109：ダイヤモンド・オンライン『２０３０年のビジネスモデル』第２回（２０１３年３月１日）

※記事の一部を加筆修正し掲載しています。

エピローグ――イノベーションの触媒

2030年研究室という変わった名前のチームの立ち上げを任せていただいた時、何をやるべきか、どうやってやるべきか悩みました。

シンクタンクらしく数値で未来予測すべきか、専門家を集めて総合的な政策提案をすべきかなど悩んだ末に選んだのが、100人の革新者を探し、対話し、そこから未来へのインサイトを引き出し、さらには彼らと友になり、もって日本の成長戦略に役立てる何かにつなげるというやり方でした。つまり机上の分析より、現場を駆けずり回るほうを選びました。しかしゴールは見えていませんでした。革新者を100人ネットワークしてどうするのか、何がしたいのか、いつも問われてきましたし、自分でも問い続けました。

あれから3年以上経ちました。革新者は既に100人を超えています。この人脈の蓄積がなければ、イノベーション・プログラムは生まれませんでした。革新者なかりせば、このプログラムには武器も個性も迫力もなかったでしょう。革新者の方々は本プログラムにおける決定的な差別化要素となり、同時に私にとって職業人生の貴重な友や師になりました。本書を締め括るにあたり、まず100人の革新者の皆様に改めて感謝を申し上げたいと思います。

なお、本書では限られた数の革新者の方々しかご紹介することができませんでしたが、お会いした全ての革新者の方々は悉く創造的、刺激的で、私たちのプロジェクトの前進に大きな推進力を与えてくれました。本書には登場しませんでしたが、観光の領域では里山十帖の岩佐十良さん、人材活用の領域ではサ

革新者たちとNRIのブレスト

ーキュレーションの久保田雅俊さん、製品開発の領域ではLinkersの前田佳宏さん、福祉の領域では恋する豚研究所（福祉楽団）の飯田大輔さん、伝統産業の再生領域では平和酒造の山本典正さん、地域ファンディングの領域ではFAAVOの齋藤隆太さん、インキュベーションの領域ではＫＤＤＩ∞ラボの江幡智広さん、中小企業インフラの領域ではBizerの畠山友一さん、学びと自己成長の領域では仕事旅行の田中翼さん、行政の領域では氷見市の本川祐二郎市長など、成熟し閉塞した既存のモデルに対して破壊的創造を仕掛ける革新者が数多くいらっしゃいます。

次に１００人の革新者と地方創生を掛け算するという、類例のない、結果の不確実な提案を実現に導いて下さった帯広市の米沢市長、帯広信用金庫の増田理事長の度量に深く敬意を表します。またイノベーション・プログラムに参加した十勝のメンバーの皆様の情熱と連帯に感謝いたします。皆様の、事業化支援セッションでのあの感動的なプレゼンテーションの数々を忘れることはありません。発表された事業構想が近い将来実現する日を心待ちにしております。

事務局を務めていただいた帯広信用金庫、北洋銀行、北海道銀行のご担当の皆様にも心から感謝を申し上げたいと思います。最後にイノベーション・プログラムを一緒に進めてきた野村総合研究所の同僚である大沼健太郎氏、坂口剛氏、水石仁氏、山口伸氏、三浦智康センター長、木村靖夫戦略企画室長ならびに野村證券関係者の皆様にも御礼を申し上げたいと思います。その他、革新者プロジェクトとイノベーション・プログラムに関わった全ての関係者の皆様に心から感謝を申し上げます。

さて、このエピローグのサブタイトルは「イノベーションの触媒」としました。私たち自身は革新者ではありません。しかし革新者を何かに繋いで、イノベーションの化学反応を起こし、日本の未来に貢献することはできるかもしれません。このサブタイトルには、私たちのチーム自身が、日本に次々と革新者を生み出していけるようなイノベーションの触媒になりたいという〝Wants〟が込められています。歴史を振り返ると、過去この日本に、時代を旋回させる火種となる新しい人材たちを育て生み出したローカルなモデルが存在しました。それは「松下村塾」です。辺境の私塾、たった50人ほどの門下生、わずか1年あまりの吉田松陰による教育。しかしその活動の中から高杉晋作、久坂玄瑞、伊藤博文などが世に出ていき、やがて新しい時代を導きました。「松下村塾」とは結果としてとんでもない火の玉人材製造装置になりました。そのしくみや手法の秘密とは一体何だったのでしょう？

松下村塾には官学（藩校）のような地位はなく、モチベーションの高い近所の若者を集めた辺境の私塾に過ぎませんでした。塾生は身分不問で、10代が半分、足軽が半分、非士族にも門戸を開放していました。講義はわずか8畳の粗末な小屋で、いつもすし詰め状態で行われましたが、その狭さが熱気を生み出しました。指導者たる吉田松陰は守旧の儒学一辺倒ではなく、あらゆる学問を自らの中に統合し教授していたと言われます（折衷学派）。松下村塾には標準的なカリキュラムはなく、複数のグループによる学びが並走していました（複式学級）。また、先生と生徒が野良作業や増改築などを一緒にやりながら学んでいたようです（相労役）。そんな貧しく混沌とした環境にありながらも、塾には世界

2030年研究室当初メンバー、松下村塾にて

地図と活版印刷機があったというから驚きです（飛耳長目）。そして最後に、松陰は「知だけでは、厚い壁は破れない」と考えたと言います。つまり「狂い」を肯定し、必然とみていたのです。

この、現代の教育システムと比較すると全く異質で原始的でさえある人材発火方式の中に、今日の地方創生やローカル・イノベーションのヒントがあるような気がしてなりません。2030年研究室の設立当初、私たちは松下村塾を訪れ、その地で合宿をしました。そしてこのボロ小屋が放つ狂気と温かさを肌で感じました。明確に意識していたわけではありませんが、今展開しているイノベーション・プログラムの挑戦のルーツには、松下村塾がモチーフとして存在していたのかもしれません。だとすればそれは歴史を超えた模倣といえます。今まだ私たちはイノベーションの触媒にたりえていませんが、今回のような挑戦を続けることによってイノベーションの触媒に一歩一歩近づいていきたいと思います。

本書では現段階におけるイノベーション・プログラムの実践論を書きましたが、

これはもう書いた端から変えていく覚悟でいます。イノベーションや事業創造を相手にするには、そうした自己破壊を繰り返さざるを得ないと感じます。方法論を標準化しよう、プログラム化しようとすればするほど、イノベーションは逃げていく。それがイノベーションの本能、本質なのでしょう。だから私たちのように新事業を育てようとする側もまた新事業的でなければならない、革新者を生み出そうとする側もまた革新者的でなければならないのだと思います。

革新者は、あたりまえを疑う。
革新者は、Needsを探すのではなくWantsを創造する。
革新者は、「面白い」から始めて、社会課題の解決につなげる。
革新者は、同類とはつるまない。
革新者は、マイナスをプラスに変える。
革新者は、打たれ強い。

革新者たちから教わったことを自分たちのイノベーション・プログラムにも吸収

し、これからも進化させていきたいと思います。

最後に読者の皆様へ。本書を手にとっていただき有難うございました。業界、職業、年齢を超えて日本に革新者的なマインドセットを広げたいと願うあらゆる方々に本書を捧げたいと思います。

2016年5月　齊藤義明

齊藤義明　野村総合研究所

NRIアメリカ ワシントン支店長、コンサルティング事業本部戦略企画部長などを経て、現在、未来創発センター 2030年研究室室長。政策や企業経営コンサルティングの現場でこれまで100本以上のプロジェクトに関わる。専門は、ビジョン、イノベーション、モチベーション、人材開発など。著書に『次世代経営者育成法』（日本経済新聞出版社）、『モチベーション企業の研究』（東洋経済新報社）などがある。

日本の革新者たち

100人の未来創造と地方創生への挑戦

2016年6月10日　初版第1刷発行
2021年9月10日　初版第5刷発行

著者　齊藤義明（野村総合研究所）

ブックデザイン　山浦隆史（Concent, Inc.）
組版協力　平野雅彦
編集　吉田知哉
校閲　株式会社鴎来堂

発行人　上原哲郎
発行所　株式会社ビー・エヌ・エヌ
〒150-0022 東京都渋谷区恵比寿南一丁目20番6号
E-mail. info@bnn.co.jp　Fax. 03-5725-1511
http://www.bnn.co.jp/

印刷・製本　シナノ印刷株式会社

ISBN978-4-8025-1027-1
Printed in Japan